Linguagens
e a palavra

COLEÇÃO COMUNICAR

- *América indígena: 500 anos de resistência e conquista –* Maurílio Pereira Barcellos
- *Criança e poesia na pedagogia Freinet –* Gloria Kirinus
- *Escola, cidadania e novas tecnologias: o sensoriamento remoto no ensino –* Vânia Maria Nunes dos Santos
- *Leitura prazer –* Ir. Maria Alexandre de Oliveira
- *Linguagens e a palavra –* Pe. Bruno Carneiro Lira, osb
- *Para reler os Quadrinhos Disney: linguagem, evolução e análise de HQs –* Roberto Elísio dos Santos

Pe. Bruno Carneiro Lira, osb

Linguagens e a palavra

Dados Internacionais de Catalogação na Publicação (CIP)
(Câmara Brasileira do Livro, SP, Brasil)

Lira, Bruno Carneiro
Linguagens e a palavra / Bruno Carneiro Lira. – 1. ed. — São Paulo :
Paulinas, 2008 – (Coleção comunicar)

Bibliografia.
ISBN 978-85-356-2236-2

1. Linguagem   2. Linguagem e Línguas   3. Palavra (Lingüística)
I. Título. II. Série.

08-1647   CDD-415

Índice para catálogo sistemático:
1. Linguagens e palavra : Lingüística   415

Direção-geral: *Flávia Reginatto*
Editora responsável: *Maria Alexandre de Oliveira*
Assistente de edição: *Rosane Aparecida da Silva*
Copidesque: *Cirano Dias Pelin*
Coordenação de revisão: *Marina Mendonça*
Revisão: *Jaci Dantas*
Marina Siqueira
Direção de arte: *Irma Cipriani*
Gerente de produção: *Felício Calegaro Neto*
Capa e editoração eletrônica: *Wilson Teodoro Garcia*

Nenhuma parte desta obra poderá ser reproduzida ou transmitida
por qualquer forma e/ou quaisquer meios (eletrônico ou mecânico,
incluindo fotocópia e gravação) ou arquivada em qualquer sistema ou
banco de dados sem permissão escrita da Editora. Direitos reservados.

Paulinas
Rua Pedro de Toledo, 164
04039-000 – São Paulo – SP (Brasil)
Tel.: (11) 2125-3549 – Fax: (11) 2125-3548
http://www.paulinas.org.br – editora@paulinas.com.br
Telemarketing e SAC: 0800-7010081
© Pia Sociedade Filhas de São Paulo – São Paulo, 2008

*Àqueles que estão ou que se foram,
mas que deixaram palavras impressas,
profundamente, na minha alma e no meu coração.*

No princípio, Deus criou o universo
e o homem dotado de palavra... e DISSE: FAÇA-SE!

Gn 1

E o Verbo se fez carne e habitou entre nós
e vimos a sua glória que já existia antes da criação do mundo.

Jo 1,18

Sumário

Prólogo 11

Introdução 15

Comunicação, linguagem, língua e idioma 23

As linguagens não-verbais 31

    A semiótica de Charles Peirce 33

    O signo em Saussure 37

A linguagem verbal 41

    A oralidade 41

    O sistema de notação da língua (a escrita e a leitura) 46

    A palavra para ser lida, entendida e interpretada 54

A palavra nos novos gêneros textuais da Internet 61

    E-mail 63

    Blog 65

    Chat 68

    Teleconferência 70

Práticas sociais e eventos comunicativos 73

A sedução da palavra conotativa 77

A palavra que compromete eternamente 101

Considerações finais 105

Bibliografia 111

Prólogo

As primeiras discussões em torno da linguagem refletem uma forma de olhar o mundo e as coisas ao seu redor, estabelecendo uma estreita relação entre linguagem, pensamento e mundo, em que se destacam duas posições que vão fornecer as bases para as discussões posteriores: a linguagem possui a mesma estrutura que o mundo (homologia) e a linguagem não reflete a estrutura do mundo, sendo, na realidade, resultado de analogias. Desde o início, portanto, o estudo da linguagem estava dividido em duas correntes: uma que se voltava para o estudo da sentença (enunciado e fato representado) e outra para o da palavra (princípio da ontologia, perspectiva lógico-funcional), além de uma perspectiva que tratava o fenômeno como problema de natureza glotogênica (estudo da origem da linguagem).

Essas tendências deram origem às duas correntes que caracterizam as primeiras discussões em torno da linguagem: *physei* e *nomos*. A primeira posição defende a natureza ou essência do objeto (a palavra é causalmente determinada pela essência do objeto; a natureza ou essência da palavra é que determina o objeto; e a palavra é reflexo da essência do ser humano). A segunda defende a relação lógico-funcional de cada expressão/palavra. Essa discussão leva a uma outra que perdurou até a lingüística moderna, refletida nas discussões saussureanas sobre a arbitrariedade e o convencionalismo na caracterização do signo lingüístico: a da *tesei*/*nomos*, discutida no *Crátilo*, de Platão. Nesse diálogo, Platão estabelece as bases sobre a teoria do conhecimento, versando sobre a correção dos nomes, numa disputa entre Crátilo e Hermógenes. Essa é a discussão retomada por Saussure ao definir o signo com uma entidade composta de duas faces: significante e significado.

Até os dias atuais, discussões sobre significação e sentido são temas de trabalhos de lingüística. Os estudos nessa linha tomam como referência os aspectos lingüísticos considerados não isoladamente, mas num contexto de uso em que os co-enunciadores, com suas características pessoais, atuam em um determinado contexto, em uma determinada situação de fala. Isso possibilita a construção de sentidos próprios a cada situação, além de considerar os diferentes contextos de uso da língua em suas modalidades oral e escrita. Daí que, atualmente, as investigações sobre a linguagem quase sempre levam à relação oralidade e escrita, pela estreita relação estabelecida historicamente entre as duas modalidades e o papel de destaque da escrita na sociedade, considerada importante ferramenta de sucesso para a aprendizagem.

Até a década de 1980, oralidade e escrita eram vistas como processos totalmente diferentes. Embora se considere, hoje, que elas estão relacionadas, apresentando semelhanças e diferenças (funcionais, situacionais e/ou estruturais), deve-se considerar que a escrita não constitui uma representação, mas uma complementação da fala, como proposto por Marcuschi, um dos primeiros estudiosos a aprofundar a questão da lingüística brasileira.

O aprendizado da leitura e da escrita deve, então, ser encarado tal qual a aquisição de uma nova modalidade da língua, que recebe influências do meio, das ideologias individuais e dos contextos socioculturais em que o sujeito está inserido. É aqui que se estabelece uma distinção, de caráter polêmico, no meio escolar: a distinção entre letramento e alfabetização, levando uma discussão sobre uso social e uso formal da linguagem.

Como conseqüência, alguns estudos têm tratado a questão do desenvolvimento da escrita como um processo estreitamente relacionado a práticas culturais/comunicativas, estabelecendo uma distinção entre sujeito letrado e sujeito alfabetizado. O sujeito alfabetizado utiliza a *habilidade* de *decodificação* da língua e se distingue do letrado, que apresenta uma característica mais diretamente relacionada à concepção de linguagem que defende que os fatores lingüísticos não podem ser dissociados dos cognitivos e dos socioculturais. Se a linguagem constitui uma prática comunicativa exercida em grupos sociais, e cada grupo social possui suas próprias regras de uso da língua, o desenvolvimento da habilidade de leitura só será satisfatório se esses três fatores estiverem presentes nesse processo. Assim, o sujeito letrado, embora não alfabetizado, poderá ser capaz de relacionar sinais gráficos a situações de uso específicas, ou seja, será capaz de identificar diferentes textos e relacioná-los a diferentes contextos de uso e, assim, inserir-se em seu meio social.

É nessa perspectiva que se apresenta o trabalho de padre Bruno ou Francisco Edson Garcês Carneiro Lira. Sua trajetória na discussão sobre a palavra percorre uma discussão histórica, estabelece paralelos e define caminhos, conduzindo o leitor a uma reflexão sobre a importância do uso da palavra. Neste livro, ele aborda os diversos usos da palavra em gêneros textuais de diferentes naturezas. O livro constitui uma referência para todos os que trabalham com a linguagem e buscam dados para a formação de leitores/escritores críticos. Cada capítulo enfoca uma fase do desenvolvimento dos estudos sobre a linguagem. Na verdade, Chico (como conheci padre Bruno, na condição de aluno de graduação em Letras na UFPE) toma a palavra tanto no sentido literal como em sentido conotativo, metafórico, como é o caso dos dois últimos capítulos. Somente conhecendo as discussões que deram origem ao que hoje definimos por palavra, seja literal, seja metaforicamente, é possível tratar do assunto com propriedade. Na realidade, palavra e *logos* ali se encontram, a exemplo do uso que fazemos no nosso dia-a-dia.

Professora doutora MARÍGIA ANA DE MOURA AGUIAR
Professora da Universidade Católica
de Pernambuco (UNICAP),
pesquisadora do CNPq e doutora pela
Universidade de Birmingham, Inglaterra.

Introdução

A construção de um país soberano, na era da sociedade da informação, começa pela sua capacidade de oferecer educação de qualidade para todos. E o primeiro passo para que se alcance esse objetivo deverá ser uma séria política de alfabetização em que todos os cidadãos, já usuários da PALAVRA, possam engajar-se em um trabalho sincero, no qual todo ser humano possa fazer uso dessa forma internacional de comunicação. Aprendendo-se a ler e a escrever, pode-se ler a realidade de modo mais concreto e verdadeiro para a sua transformação. Como se pode imaginar uma construção de sociedades justas, democráticas e igualitárias, neste novo tempo, se tantas pessoas não sabem como utilizar a palavra?

Sabe-se, pelos já avançados estudos da lingüística moderna, que cada palavra é um mundo, e que está profundamente inserida em determinados contextos que interferem em seus significados; por isso mesmo, como na linguagem conotativa, tem-se o fenômeno da plurissignificação no que se refere aos aspectos semânticos das palavras, encontramos grandes variações dependendo de seu contexto de uso.

Para 2007 a CNBB – Conferência Nacional dos Bispos do Brasil escolheu um tema bastante forte para a Campanha da Fraternidade, em todos os seus aspectos sociais e ecológicos, com os quais faz deslanchar muitas outras reflexões e gestos concretos: Fraternidade e Amazônia, tendo como lema: "Vida e missão neste chão". E no que concerne a essas reflexões, deparamo-nos com as palavras: AMAZÔNIA, AMAZONAS, AMAZONA... Os aspectos gráfico-fonéticos são, praticamente, os mesmos, mas as mudanças fonéticas, no final de cada palavra, fazem com que os sentidos também variem. Temos a mesma raiz, mas a primeira se refere a determinada região do Brasil, que ocupa grande parte do globo terrestre; a segunda, ao estado político com relação ao panorama nacional; e a terceira palavra já muda até de campo semântico, significando, portanto, aquela mulher que cavalga, em oposição ao termo cavaleiro. É isto que nos encanta nas variedades das línguas e no poder identificador, e por que não dizer, sedutor de seus códigos, ou seja, as palavras.

Foi a partir dessas observações que surgiu o desejo e até mesmo a necessidade de compartilhar com outros usuários da palavra as linhas teóricas e práticas da presente obra, mesmo sabendo que tantos outros já refletiram sobre o tema sob outros pontos de vista e de maneira brilhante.

Na era da informação, surge a necessidade, cada vez maior, da reflexão científica, sejam elas humanas, sejam naturais, já que não se admite mais o antigo paradoxo de ambas, pois hoje se complementam, integram-se. Morin

(2001) propõe, às ciências, uma teoria da complexidade antropossociológica, pois aqueles que geram conhecimento apenas em laboratórios sentem a necessidade de uma reflexão ética tanto no meio acadêmico como fora dele. Portanto, esse novo paradigma rompe com os limites do determinismo e da simplificação, incorporando: o acaso, a probabilidade e a incerteza como parâmetros para a compreensão da realidade. Morin critica, assim, o paradigma clássico que afirmava que a complexidade no mundo dos fenômenos resolvia-se a partir de princípios simples e leis gerais. Esses princípios, que foram fecundos para Newton (na física) e Einstein (na teoria da relatividade), não são mais suficientes para considerar a complexidade: da partícula atômica, da realidade cósmica e dos progressos da microbiologia. Portanto, hoje, a complexidade não é um inimigo a ser eliminado, mas um desafio a ser superado. Para o autor, enfrentar as complexidades do real significa confrontar-se com os paradoxos: ordem–desordem, parte–todo, singular–geral, incorporando o acaso e o particular como componentes da análise científica, sendo condição fundamental para o progresso da consciência dos pesquisadores o auto-interrogar-se, mesmo que gere uma crise moral, espiritual e intelectual, pois, como sabemos, a palavra *crisis* provém da língua grega e tem o sentido de passagem... É a partir das diversas crises superadas que aprendemos, tornamo-nos mais maduros e mais autônomos na vida e na ciência. Portanto, nesse novo paradigma científico, tudo deverá ser unificado: ciência e arte, língua e linguagens, sem especificações, pois tanto o ser humano como o universo são um todo indivisível.

Os seres humanos não são máquinas artificiais, formadas de partes que não se regeneram nem reproduzem, mas contêm a desordem, com a capacidade de ordenar, de criar e de vencer conflitos. A ciência, assim como a palavra, está nas mãos de todos os cidadãos do planeta; aliás, elas nos constituem como gente. Neste novo modelo de reflexão científica, o ser humano não é mais manipulado, mas é conhecedor, ou seja, é aquele que produz ciência, história, política, cultura, ética, sendo todos esses caracteres entrelaçados pelo poder e pela sedução da palavra.

É com este pano de fundo que desenvolveremos a presente obra, que se divide em sete capítulos de abordagem prático-teórica.

O primeiro deseja fazer, com clareza, a distinção entre comunicação, linguagem, língua e idioma em seus aspectos de usos sociais e lingüísticos.

No capítulo seguinte, desenvolveremos o tema das linguagens não-verbais, visto que também são formas ativas de comunicação, tratando a questão da semiótica e do signo, seja ele lingüístico ou não.

O terceiro capítulo estuda, na sua totalidade, a linguagem verbal, apresentado-se como o ápice das reflexões, já que é aqui que se faz uso da palavra, seja ela oral, seja escrita. E é nestes dois aspectos que nos deteremos: a oralidade e o sistema de notação (escrita). Ainda neste bloco, comentaremos as formas de como a palavra deverá ser utilizada, ou seja, compreendida, interpretada e lida.

Já o capítulo quarto preocupar-se-á com os novos gêneros textuais do mundo da informação, visto que são meios que utilizam, com grande freqüência, a palavra. Assim, deter-nos-emos nos *e-mails*, *blogs*, *chats* e teleconferências.

O quinto capítulo preocupa-se com a questão das práticas sociais e os eventos comunicativos, tendo como centro os vários tipos e gêneros textuais presentes na sociedade e o modo como interferem e circulam no dia-a-dia do cidadão.

Em seguida refletir-se-á sobre a sedução da palavra conotativa, como ela ocorre e impressiona nos textos literários de todas as épocas em suas várias manifestações artísticas.

E finalmente, para mostrar todo o seu poder, veremos uma das características marcantes da palavra; aquela que compromete para sempre.

Esperamos, assim, que estas nossas letras sejam bem aproveitadas e entendidas por todos os leitores que se admiram do fenômeno científico em geral, como também por aqueles que se doam aos estudos dos fenômenos lingüísticos e que se preocupam com os usos e com o poder da PALAVRA em todos os sentidos e contextos em que se encontra.

No entanto resta-nos, ainda, esclarecer que este compêndio deseja ser, simplesmente, um ponto de referência aos que se iniciam nos estudos do fenômeno lingüístico que tem a PALAVRA como sua matéria-prima, bem como auxiliar os professores dos vários cursos universitários, que lecionam nos básicos (1º e 2º período), as várias disciplinas ligadas à comunicação e expressão, produção e interpretação de textos, português instrumental, como outras afins.

Não poderia concluir esta introdução sem falar de dois grandes mestres da língua portuguesa que disciplinaram, para sempre, a nossa vida intelectual e o nosso amor pelos fenômenos lingüísticos. São eles: o sacerdote e professor da Diocese de Sobral-CE, padre Osvaldo Chaves, e a querida professora Maria das Graças Teixeira (*in memoriam*). Como eles contribuíram para meus inícios e preocupação com a língua! O primeiro, unindo a rigidez e o carinho, sempre se mostrou um homem sábio e disciplinado. Com ele aprendi a redigir, pois tínhamos produções diárias e semanais de textos, além das leituras mensais de obras consagradas pela crítica. Com dona Maria das Graças cresceu em nós a paixão pelos conteúdos gramaticais, não para decorá-los, sem o mínimo de entendimento, mas para compreendê-los de maneira lógica e racional como instrumento para a língua escrita, visto que hoje sabemos que a oralidade admite as diversas variações lingüísticas. Ambos professores do engenhoso Colégio Sobralense, de onde saíram, para o mundo, várias cabeças bem formadas para a construção social. O último diretor que tive a alegria de conhecer nessa instituição de ensino foi o professor Raimundo Nonato Arcanjo, a quem pude acolher como amigo por ser homem de humildade, de sabedoria e de palavras seguras em suas orientações para a vida.

O primeiro diretor, aquele da minha fase infantil, também marcou-me pelo seu modo de ser e de estruturar a doutrina do colégio, dividindo bem as atividades com seus assessores e estando sempre presente nos conselhos de pais e mestres, — aliás eu o tinha como um pai intelectual —, padre José Linhares Pontes. E nele faço menção a mais dois professores que continuam presentes em minha memória desde a infância, padre Jairo Pontes, com quem aprendi a ter proficiência na língua inglesa, e a querida professora Lúcia Sobreira, pois com ela aprendi a ser professor, já que toda a sua prática pedagógica, apesar de ser ainda a década de 1970, época da escola tecnicista, já vislumbrava em suas aulas a construção do conhecimento mediata, conjunta e inserida na realidade.

Nos últimos anos, considero uma bênção ter convivido com a querida professora de língua portuguesa Maria Stella Façanha Costa, que em colóquios e escritos muito tem contribuído para minhas formulações científicas em torno da análise lingüística de nossa língua materna.

Não poderia deixar de fazer, neste momento, um agradecimento muito especial à minha querida amiga e professora de lingüística por tantas vezes, Marígia Ana de Moura Aguiar, que prontamente aceitou escrever o prólogo deste livro, que, com certeza, pelas suas experiências, só enriquecerá este texto.

Um agradecimento muito especial, ainda, aos amigos padre Sérgio Absalão, a Tailor Nunes e a Jerônimo da Silva, pelo incentivo, dos três, para a produção desta obra. Sem esquecer dom Luiz Carlos Barbosa, osb, pelo prazer que tem em ler, sempre com carinho, tudo o que escrevo.

Foram esses seres humanos que marcaram os primórdios e a contemporaneidade da minha vida intelectual e meu amor pela palavra, que não poderiam passar despercebidos neste livro que reflete o PODER DA PALAVRA, pois todos eles tiveram palavras certas na hora certa, e por isso me impulsionaram para escrever o presente texto.

Comunicação, linguagem, língua e idioma

Quatro palavras que aparentemente parecem ser a mesma coisa, mas que, em seu núcleo semântico, diferem uma da outra, enquanto são constituintes de um mesmo fenômeno presente nos seres vivos e, mais particularmente, nos humanos.

Que fazemos quando falamos? Que queremos dizer exatamente? Basicamente, queremos comunicar os nossos pensamentos, seja explicando, persuadindo, seduzindo, suplicando... Podemos, ainda, falar de nós, dos outros, do mundo, do jeito que é ou como desejamos que fosse. Falamos, também, daquilo que não existe e que nunca poderá vir a ser, um eterno porvir. Podemos até falar conosco mesmos através de um "diálogo interior". Isso é a comunicação entre os seres humanos que fazem uso da palavra, seja ela oral, escrita e mesmo não pronunciada.

Mas o termo comunicação é bem mais abrangente, pois os animais irracionais também se comunicam, claro que não fazendo uso da linguagem verbal, mas através do olhar, alaridos e até gestos. Segundo Breton (2006, p.112):

As sociedades humanas têm a particularidade de se desagregar relativamente rápido se o vínculo social não for mantido. Esse não é o caso das "sociedades animais". A diferença é essencial. A sociedade animal mantém-se enquanto seus membros mantêm os registros comportamentais próprios da espécie. Mesmo que o animal, por ser um ser vivo (e não uma máquina), tenha acesso, a seu modo, a certas formas de consciência, não conhece nem a violência (que o leão coma a gazela não é em si uma violência), nem a guerra civil, nem a guerra entre espécies. No interior de uma mesma espécie, os registros comportamentais variam pouco entre os grupos, e os membros que os compõem interpretam esse registro de modo muito pouco individualizado. Em suma, os animais não conhecem nem a sociedade, nem o indivíduo, mas antes a comunidade do instinto.

Mesmo assim, o animal se comunica até mesmo com os humanos, e muitos com afeto, como é o caso daqueles de estimação. No entanto, o animal não fala. Se ele não fala é porque não tem nada a dizer. A palavra, portanto, gera uma descontinuidade entre o animal e o ser humano.

Como vemos, a comunicação é a capacidade dos seres vivos em transmitir aquilo que sentem ou pensam, seja através de signos verbais ou não.

Já a linguagem aparece como um canal, um veículo para a comunicação. Assim, temos a linguagem dos cegos, o método Braille; a do surdo-mudo, a LIBRAS; a verbal, que faz uso da palavra, sendo ela oral ou escrita. Portanto, a linguagem é uma faculdade que tem o ser humano de exprimir seus estados mentais por meio de um sistema de sons vocais chamado língua, que aprofundaremos ao longo deste capítulo, mas também através de outros sistemas de comunicação. A linguagem verbal se realiza, em princípio, numa espécie de drama entre o falante (aquele que transmite) e o ouvinte (aquele que escuta e decodifica a mensagem). Como se sabe, esse é o famoso esquema de Jakobson para explicar o fenômeno comunicativo: EMISSOR–MENSAGEM (código e canal)–RECEPTOR, que na postura dialógica passa a também ser emissor e assim enquanto durar o processo de comunicação verbal.

Além da linguagem verbal, temos, ainda, as não-verbais, assunto do próximo capítulo.

Já a língua apresenta-se como um dos códigos bem definidos do processo comunicativo. Sendo o mesmo determinado por grupos sociais humanos distintos, distinguem-se umas das outras pelo sistema de fonemas, pelo sistema de formas, como também pelos padrões frasais, em que essas formas se ordenam na comunicação lingüística. Portanto, para que haja uma determinada língua o sistema deverá conter cinco aspectos básicos, que na ausência de um deles deixaria de existir como tal. São eles: aspectos fonológico-fonético, morfológicos, sintáticos, semânticos e pragmáticos. Como o nome já indica, os elementos fonético-fonológicos preocupam-se com os sons das diversidades das línguas e é claro que para que isso aconteça de maneira correta o aparelho fonador do usuário deverá estar em perfeita harmonia: da boca às pregas vocais. São esses sons que, na escrita alfabética, os grafemas tentam representar, e que, às vezes por diferenças sutis de pronúncia, têm uma mudança de sentido. Essa mudança é preocupação da semântica, que estuda os vários significados das palavras de uma língua e suas variedades de região para região. E é neste sentido que surge a pragmática, ou seja, a preocupação com os contextos de uso das palavras, já que variam conforme os seus usuários, seja pela idade, sexo, região, seja até mesmo pela religião. Elucidaremos, ainda, os outros dois componentes de um língua. Comecemos pelos aspectos morfológicos, que, como o próprio nome já indica, ligam-se à forma, ou seja, a classe da palavra dentro da língua, por exemplo, substantivos, adjetivos, verbos, interjeições, conjunções etc., não esquecendo que entre essas classes existem as que flexionam, como os verbos e outras, existindo, ainda, aquelas que possuem formas fixas, como as conjunções. Já a sintaxe reúne; daí os termos, na língua portuguesa: síntese (reunião de idéias ou teses) e sílaba (reunião de letras ou grafemas). A sintaxe preocupa-se com a relação que as palavras possuem umas com as outras em determinado segmento lingüístico, seja na frase, na oração, no período ou mesmo no parágrafo.

Da estrutura específica de cada língua resulta a falta de inteligibilidade entre seres humanos de línguas diversas, quando cada qual não aprendeu previamente o sistema de linguagem verbal de cada um dos outros. A inteligibilidade não é, entretanto, a condição essencial para se considerar que os interlocutores falam a mesma língua, porque é conseqüência, em parte, do grau de inteligência dos interlocutores, valendo-se do assunto ser até certo ponto conhecido e de algumas coincidências de detalhes, dentro de sistemas diversos, o que pode permitir uma dedução mais ou menos satisfatória do que é dito. Por outro lado, pode faltar ou ficar prejudicada a inteligibilidade entre interlocutores da mesma língua por deficiência do discurso. O que define, portanto, uma língua em face das demais é a sua estrutura, que estabelece oposições específicas de fonemas e formas.

Mas não é nosso objetivo aprofundar esse tema, e sim somente elucidar os elementos que compõem o processo comunicativo e que faz uso da palavra e de toda a sua força.

Antes da conclusão do presente capítulo, ainda uma pequena exposição sobre o conceito de idioma. A própria palavra já lembra o vocábulo idiossincrasia, que busca entender as particularidades de determinadas pessoas, povos ou línguas. Portanto, o idioma, com relação à língua portuguesa, são aquelas particularidades lingüísticas do português falado no Brasil, em Angola, em Portugal, no Timor Leste, em Goa... No nosso caso, somos falantes da língua portuguesa, pois toda a estrutura fonológico-fonética, morfológica, sintática e semântica pertence a ela, mas o nosso idioma é o *brasileiro*, pois possuímos características próprias no nosso falar: fomos colonizados pelos portugueses, que encontraram, aqui, o nativo (índio) e, ainda, importamos os maravilhosos negros da África, com suas variedades de dialetos, que só enriqueceram não só o nosso idioma como também a nossa cultura. Sendo assim, podemos dizer que o idioma é a língua estrita de uma nação, como Estado politicamente constituído e soberano.

Aprofundando um pouco mais o conceito de língua, não devemos esquecer que ela é dinâmica e tem uma primordial função comunicativa, por isso as variedades lingüísticas deverão ser sempre respeitadas como forma de enriquecimento de determinada comunidade falante. A norma "culta", gramaticalizada, é só uma das várias formas de falar, aquela que a sociedade instituiu para a ascensão social e garantia da unidade na escrita. Assim, dentro de uma mesma língua temos linguagens especiais, restritas a grupos lingüísticos fechados, produzidas no próprio grupo ou importadas de outras línguas. Por exemplo: a gíria; o jargão; os discursos: jurídicos, religiosos, econômicos ou políticos, quase que impenetráveis às grandes massas. Para Gnerre (1998, p. 25):

> Segundo os princípios democráticos, nenhuma discriminação dos indivíduos tem razão de ser com base em critérios de raça, religião, credo político. A única brecha deixada aberta para a discriminação é aquela que se baseia nos critérios da linguagem e da educação.

Portanto, não se deve discriminar um usuário da língua que se comunica fugindo às regras normativas, já que para o seu contexto de uso está correto, pois a língua cumpriu o seu papel de comunicar. Infelizmente, quando os gramáticos gregos e latinos normatizaram a língua, talvez esqueceram da real interação verbal face a face, como a prosódia, o sotaque, a postura do corpo, o olhar, a velocidade, a entonação... o que chamamos, hoje, de supra-segmentos, fundamentais para o entendimento total do processo de comunicação.

Mas a palavra, em suas várias formas de ser pronunciada, é fundamentalmente intermediária entre o eu e o eu, entre o eu e o tu, entre o eu e o grupo (mundo) e o mundo e o eu. Essa é a sua finalidade e penso não existir outra, pois toda palavra procura nos fazer alcançar o outro, o humano. Ela se alimenta de opiniões, estados e fenômenos. Nossa fala cotidiana é uma mistura poderosa desses três elementos... Uma fala que poderá ser expressiva, argumentativa, informativa, emocional.

Para Breton (2006, p. 29):

> Amar, por exemplo, é, primeiramente, um estado, que uma fala pode portar como tal na direção de seu destinatário, mas nesse caso a presença maciça de amor por meio de uma fala se cruza sempre com um pouco de informação ("eu informo que te amo") e com um pouco de convicção ("garanto que te amo"). Mas a dominante continua sendo a expressão de um estado, que nunca é mais visível que nessa fala simples e universal que diz "eu te amo" ao ser amado, fala perfeitamente redundante em seu conteúdo em virtude da maneira pela qual é dita... Pode-se também, em outro exemplo, informar um terceiro sobre o amor que se sente por outra pessoa... A palavra é duplamente concebida para ser voltada ao mesmo tempo para os outros e para si.

Como se vê, a palavra abrange muitos estados de nossa alma e está profundamente enraizada no evento comunicativo, sendo peça fundamental das várias linguagens, que, como já dissemos, poderão ser verbais (oral ou escrita) e não-verbais, sendo essas últimas o assunto do próximo capítulo.

As linguagens não-verbais

Talvez ao iniciar a leitura deste capítulo o leitor atento possa se perguntar sobre o motivo pelo qual estamos abordando o tema das linguagens não-verbais, visto que a presente obra destina-se ao poder da palavra, que é diretamente relacionada à linguagem verbal.

Achamos por bem tratar sobre esta temática porque sabemos que mesmo quando não fazemos o uso da fala a palavra já se faz presente em nosso pensamento e, ao decifrarmos os sinais, sejam eles pictográficos ou ideográficos, fazemos diversos tipos de leituras, deparando-nos com várias interpretações, tendo sempre palavras que perambulam de maneira ordenada em nossas consciências.

Sendo assim, mesmo não fazendo uso de palavras como produção de fala, mas profundamente presentes no processo de comunicação, as linguagens não-verbais antecederam as verbais tanto na oralidade como no sistema de notação da escrita. O estudioso norte-americano, matemático, físico e filósofo Charles Sanders Peirce foi o criador da lógica da linguagem, a que deu o nome de semiótica, que tem reflexões elucidadoras para esse fenômeno de comunicação. Assim também o suíço Ferdinand de Saussure nos seus estudos sobre os signos. Tendo por base esses teóricos, dividiremos o presente capítulo em duas partes, em que nossas reflexões aparecerão em constante diálogo com eles.

Nas linguagens não-verbais há um conhecimento escondido: o conhecimento de nós mesmos, pois cada pessoa é uma totalidade, e as relações devem ser inteiras; toda pessoa é dotada de sensibilidade, inteligência, capacidade de amar, sonhar e transformar a sua realidade e a si mesma. Nas linguagens não-verbais há possibilidades de descoberta de potencialidades, pois através delas transforma-se o dado real. Por exemplo, a arte interioriza e exterioriza a comunicação das pessoas com o mundo. Portanto, para além da alfabetização, a arte (em suas diferentes formas) é uma maneira de letrar mesmo aqueles que se dizem analfabetos por não possuírem o código lingüístico verbal, pois favorecem uma leitura da realidade do mundo em que vivem.

O ser humano não se expressa por partes, ele é um todo bem unido e harmonioso, obra da criação divina, por isso sempre que produz fala, vê, toca, degusta, cheira, utilizando todo o seu corpo, a razão, os sentidos (de onde acolhemos o mundo imanente), a emoção, a instrução, a percepção. Todos esses fatores se mobilizam na produção comunicativa, seja ela verbal ou não. Por isso a alfabetização deveria ser um momento de construção de leitores e escritores capazes de expressar suas idéias e emoções, também pela movimentação e sensibilidade do corpo. Nas linguagens não-verbais os elementos como cores, sons, imagens, formas e movimentos aparecem de forma ressignificada.

A linguagem visual, como todas as linguagens não-verbais, é particularmente propícia à transmissão de emoções e sensações que diferem a partir das diferentes experiências do ser humano. A imagem, por suas características intrínsecas, comunica de modo mais imediato as palavras que já estão formadas em nosso pensamento e que nem precisam ser pronunciadas ou grafadas.

Encontrava-me no inverno de Paris com amigos brasileiros diante de monumentos tão belos e históricos, como os que observamos a partir do átrio e da Pirâmide de Cristal do Louvre: a imensidão da Place de la Concorde, tendo como referência a grande avenida Champs-Élysées e a anamnese apoteótica de Napoleão no Arco do Triunfo. Não dissemos uma palavra sequer, mas elas fervilharam em nossas mentes, a ponto de, posteriormente, comentarmos as várias leituras feitas por cada um e como, às vezes, divergiam uma das outras a partir de concepções e conhecimentos diferenciados... Naquele dia acontecia o diálogo interior, as palavras afloravam tão rapidamente, silenciosas, como se estivessem sendo ditas.

A semiótica de Charles Peirce

Retornando aos teóricos apresentados no início deste capítulo, vejamos a concepção da semiótica de Peirce. Para ele há três tipos de signos: o ícone, que mantém uma relação de proximidade sensorial ou emotiva entre o signo, representação do objeto, e o objeto dinâmico em si, como no caso da pintura; o ícone ou aquela parte representada de um todo anteriormente adquirido pela experiência subjetiva ou pela herança cultural, por exemplo, dizer que onde há fumaça há fogo, ou, ainda, se vemos marcas de pés em chão úmido, sabemos que por ali passou alguém; isso significa que através de um indício visual tiramos conclusões reais. O autor ainda nos informa que signo é qualquer representação da coisa (*res*), do objeto (matéria física). Portanto, a principal característica do signo indicial é a ligação física com seu objeto; o terceiro tipo seria o símbolo, que de uma forma arbitrária estabelece uma relação convencionada entre o signo e o objeto, por exemplo, o termo mesa (simbolizando lugar de estudos, para pôr coisas e, ainda, para refeições).

Como vemos, a aplicação da teoria geral dos signos de Peirce possui a capacidade para descrever e explicar aqueles objetos e fatos ou eventos que envolvem processos de representação, comunicação e significação de uma forma aturada, compreensiva e extensiva. A realidade está, para Peirce, impregnada de signos, não parecendo existir uma separação entre o mundo de fenômenos significativos e um mundo de fenômenos não-significativos.

Quando escolhemos cores, modelos, tecidos, marcas, revelamos o que queremos e o que pensamos de nós, essas escolhas representam, são signos da auto-imagem que queremos comunicar. Esses signos falam sem palavras, são linguagens não-verbais e eficientes no mundo da comunicação humana. Com esse exemplo, fica bem claro que a semiótica estabelece a relação entre o modo de representação de um signo e seu objeto. Portanto, o texto e a leitura não-verbal são linguagens totalmente recheadas de palavras não ditas, mas vividas e com significância.

Segundo Ferrara (1997), o texto não-verbal espalha-se, em escala macro, pela cidade e incorpora as decorrências de todas as suas microlinguagens como a paisagem, a urbanização, a arquitetura, o desenho industrial ambiental, a comunicação visual, a publicidade, a sinalização viária... A leitura não-verbal é uma espécie de olhar tátil, multissensível, sinestésico. Para a autora, não se ensina a ler o não-verbal; é mais um desempenho do que uma competência, porque, sendo dinâmico, o não-verbal exige uma leitura, se não desorganizada, pelo menos sem ordem preestabelecida, convencional ou sistematizada. Porém o não-verbal aprende com o verbal a qualidade da sua competência e o rigor da sua organização. A leitura não-verbal não produz um saber formal como a leitura verbal, mas produz a capacidade associativa, as inferências e o conhecimento a partir da interpretação da realidade.

Poderíamos nos perguntar: como ensinar a ler o não-verbal? Que métodos e técnicas deveriam ser desenvolvidos? Como respeitar e valorizar a dinâmica do espaço ambiental? Como interagir com o espaço, a fim de produzir um texto não-verbal? Não há um método, mas procedimentos metodológicos através do contexto espacial ambiental, ou seja, o conjunto de circunstâncias físicas, sociais, econômicas e culturais (contextualização). Na leitura de textos não-verbais deve-se eleger a dominante, sendo o elemento central de coesão estrutural e hierarquização.

Como já dissemos anteriormente, a leitura não-verbal necessita da palavra (do verbal) para explicitar-se, pois os códigos se comunicam e se explicam mutuamente. Esse será sempre o destino das linguagens, sendo, portanto, condições para leitura do não-verbal a contextualização, a eleição de um objeto dominante, a atenção, o espírito de observação, a ênfase, a comparação e a analogia.

Ferrara (1997) propõe alguns exemplos de leituras sem palavras pronunciadas:

- Praça da Sé, na cidade de São Paulo, como aspecto funcional, seria um lugar de passagem de muitas pessoas, transportes (ônibus, metrô), mas quanto ao aspecto simbólico já foi, e ainda é, um lugar de concentração das grandes massas para eventos religiosos e políticos. Lá está sempre a catedral, mas seu gesto comunicativo transforma-se, criando TEXTOS NÃO-VERBAIS diversos, mas que são textos que fazem, portanto, de maneira implícita, o uso de uma série de palavras.

- A casa como modelo: a Faculdade de Arquitetura e Urbanismo de São Paulo. Antigamente, era um tipo de casarão, com tudo o que uma residência possui, sendo transformada em uma casa nova, fazendo parte da Cidade Universitária, projetada com grandes salões, lugares de exposição etc. Aqui pode-se fazer, pelo menos, duas leituras, a do antigo e a do novo. Entre as propostas arquitetônicas das duas escolas não há nada em comum, mas a vida de ambas é semelhante, cumprem a sua mesma função.

O signo em Saussure

Ferdinand de Saussure, autor considerado pai da semiologia, é lembrado neste capítulo também por trabalhar com signos não-verbais, motivados pela natureza (sinais), e também por ser o primeiro autor a criar essa designação e a definir o seu objeto de estudo. Segundo ele, a existência de signos, a singular entidade psíquica de duas faces que cria uma relação entre o conceito (o significado) e uma imagem acústica (o significante), conduz à necessidade de conceber uma ciência que estude a vida dos sinais no seio da vida social, envolvendo parte da psicologia social e, por conseguinte, da psicologia geral. A semiologia, portanto, estuda aquilo em que consistem os signos e as leis que o regem. Em seu *Curso de lingüística geral*, Ferdinand de Saussure descreveu o signo como uma combinação de um conceito com uma imagem sonora. Uma imagem sonora é algo mental, visto que é possível uma pessoa falar consigo própria sem mover os lábios, sem dizer palavras.

A concepção de Saussure relativamente ao signo, ao contrário de Peirce, distingue o mundo da representação do mundo real. Para ele, os signos (pertencentes ao mundo da representação) são compostos por significante — a parte física do signo — e pelo significado, a parte mental, o conceito. Coloca o referente (conceito correspondente ao de objeto por Peirce) no espaço real, longe da realidade de representação. Para Saussure, com exceção da onomatopéia, não existem signos motivados, ou seja, com relação de causa–efeito. Ele divide os signos em dois tipos: os que são relativamente motivados (a onomatopéia, que para Peirce corresponde aos ícones) e os arbitrários, em que não há motivação. Essa motivação é aquela relação feita por Peirce entre representação e objeto, em que, na visão de Saussure, não faz sentido. Considera, assim, dois tipos de relação no signo: *as relações sintagmáticas*, as da linguagem, da fala, a relação fluida que, no discurso ou na palavra (*parole*), cada signo mantém em associação com o signo que está antes e com aquele que está depois, no "eixo horizontal", ou seja, relações de contextualização e de presença, por exemplo, abrir uma janela em casa ou no computador, sendo, portanto, um ato individual, estando sujeito a fatores externos, muitos desses não-lingüísticos e não passíveis de análise. O outro tipo seriam *as relações paradigmáticas*, aquelas que são associativas, "no eixo vertical", em ausência, reportanto-se à língua (*langue*), por exemplo, associarmos a palavra mãe a um determinado conceito de origem, carinho, ternura, amor etc., que é um registro semântico já presente na memória coletiva, depositadas como produto social na mente de cada falante de uma comunidade.

Como vemos, para o conceito de signo em Saussure, a palavra dita tem profunda relevância para a teoria semiológica, pois, com efeito, para ele, todo e qualquer enunciado comunicativo baseia-se em regras e leis e estas configuram um código, cuja estrutura é afim com a estrutura da linguagem verbal, ou seja, uma estrutura articulada, susceptível de ser decomposta em elementos significantes mais simples. E é neste sentido que a semiologia é uma lingüística estrutural.

Assim sendo, a própria noção de signo lingüístico é tomada como uma relação entre dois termos, como uma relação didática. Saussure não une uma coisa e um nome, mas um conceito e uma imagem acústica. Esta última não é um som material, puramente físico, mas a marca psíquica desse som, a sua representação fornecida pelo testemunho dos sentidos, sendo assim, como já dissemos anteriormente, o significante, que é a imagem acústica, é arbitrária e não motivada.

A definição que Saussure propõe para o signo, a propósito das línguas naturais, tomando-o como entidade mental que associa um significante a um significado, desempenha um papel central na lingüística estrutural. Este papel prende-se à distinção entre signos naturais ou motivados e signos arbitrários ou convencionais. Para ele não deve transparecer a idéia de que o significante depende da livre escolha do sujeito. Queremos dizer que o significante é imotivado em relação ao significado, com o qual não tem, na realidade, qualquer ligação material. Em termos simples, podemos dizer que um signo lingüístico é toda unidade portadora de sentido.

No capítulo que segue tentaremos aprofundar a linguagem verbal propriamente dita, porque faz usos obrigatórios da palavra.

A linguagem verbal

A linguagem verbal, própria somente dos seres humanos, apresenta-se de dois modos: oral e escrita. A primeira não necessita de uma aprendizagem formal, pois o próprio contexto social da criança e o seu psiquismo fazem com que desenvolva um determinado código lingüístico verbal a partir dos falares dos determinados contextos em que se encontram inseridas; o segundo modo depende de um processo formal de alfabetização e por isso diz-se que, quando o indivíduo aprende o sistema de notação da língua, torna-se um bimodal e não um bilíngüe, já que a escrita é apenas um dos modos de comunicação dentro de um determinado código lingüístico. Para sermos didáticos, dividiremos este capítulo em três partes, em que enfatizaremos os aspectos oral, de escrita e a finalidade da palavra, ou seja, seus usos sociais.

A oralidade

A tomada da palavra como realidade humana e social não estaria completa se não salientássemos, também, uma opção de comunicação oral. A maior parte das vias de comunicação que estão abertas em nossas sociedades, especialmente do ponto de vista da comunicação interativa (o face a face, a ligação telefônica), utiliza, com efeito, o oral. Isso ocorre através do canal vocal-auditivo, mostrando que o oral mobiliza dois sentidos: o vocal para falar e o auditivo para ouvir, ao mesmo tempo, o que se diz a si mesmo e o que os outros dizem.

É importante já, agora, lembrarmos que a oralidade é própria de todos os seres humanos que se comunicam falando conforme os seus diversos contextos sociais, daí a importância do respeito que se deve ter às variedades lingüísticas que, no oral, só enriquecem a língua.

Lira (2006, pp. 60 -61) diz:

> As campanhas de alfabetização também tratam a oralidade de modo pejorativo, colocando o acento somente na escrita, como se a tradição oral não fosse também uma fonte de cultura e transmissão de conhecimentos [...] deverá haver uma fase de mediação entre oralidade e escrita, em primeiro lugar devolvendo o gosto e a confiança pela oralidade para, em seguida, discutir as hipóteses sobre a escrita, a leitura em voz alta de livros escritos e impressos, a discussão de seus conteúdos, comparados com conteúdos de histórias da tradição oral.

Todos esses elementos favorecem a troca dos saberes, pois antes da invenção da escrita e da imprensa, os indivíduos comunicavam-se somente na modalidade oral e os feitos da humanidade eram gravados na memória e de cor (no coração).

Aqui podemos nos lembrar do cancioneiro, da literatura de cordel, que antes de serem grafados são textos produzidos oralmente, sendo, todos, elementos mantenedores de cultura.

A palavra oral, bem entoada e interpretada, tem grande poder de persuasão. Os discursos medievais levavam as assembléias a delírios; nos próprios evangelhos Jesus Cristo apresentou toda a sua doutrina fazendo uso do oral, e somente uma única vez, durante o perdão que deu à pecadora pública, apareceu escrevendo na areia algo que o próprio autor canônico não decodifica. Seu grande trabalho missionário, como também o de seus primeiros seguidores, foi feito na oralidade, porque dessa maneira atingia as grandes massas. Antes dos recursos modernos de ampliação do som, os sermões e discursos públicos eram ditos dos púlpitos e dos altos palanques.

O oral chega muito mais rápido ao nosso intelecto, seja pela própria interlocução face a face, ou mesmo pelos meios de comunicação, como o telefone, o rádio e a televisão, atingindo assim as grandes massas, mesmo as analfabetas. Segundo Belintane (2007, p. 2):

> A relevância e a produtividade pragmática da língua oral no mundo contemporâneo podem ser facilmente percebidas nas mídias, nas demandas postas por uma vasta gama de profissões, no uso político da fala e até mesmo nos jogos, brincadeiras e interações cotidianas (piadas, jogos de palavras, chistes), nas quais os desejos de jovens e adultos tecem e entretecem suas subjetividades e, por meio delas, fortalecem ou enfraquecem suas possibilidades de participação social. Sua importância é tão evidente que constitui um desafio enumerar ou mesmo classificar a infinidade de gêneros dos quais o trabalho, as diversões e as artes contemporâneas lançam mão.

Nas sociedades ágrafas, como não existia a separação entre o escrito e o falado, a palavra possuía um estatuto bem diferente daquele que lhe é atribuído após o surgimento da escrita. Sendo assim, a palavra oral era o único canal de informação e responsável pela gestão da memória social. Como sabemos, antes da invenção da escrita todo o saber era transmitido oralmente. A memória humana, que era essencialmente auditiva, era o único recurso de que dispunham as culturas orais para o armazenamento e transmissão do conhecimento às futuras gerações. A inteligência, portanto, estava intimamente ligada à memória. Aqueles que tinham mais idade eram reconhecidos como sábios, pois tinham o conhecimento acumulado. O mestre tinha um papel de relevo naquelas sociedades por transmitir tal saber. Como vemos, a atividade mnemônica era essencial antes de as sociedades possuírem a escrita. Para Lévy (1993, p. 83),

> as representações que têm mais chances de sobreviver em um ambiente composto quase que unicamente por memórias humanas são aquelas que são codificadas em narrativas dramáticas, agradáveis de ser ouvidas, trazendo uma forte carga emotiva e acompanhada de músicas e rituais diversos.

Mesmo já fazendo parte da cultura escrita, cremos que a escola de hoje deveria desenvolver, de modo mais contínuo, um trabalho com a linguagem oral, como primeira modalidade de comunicação verbal. Para tanto, além dos aspectos sonoros, como a entonação, clareza, altura da voz, dicção (ou seja, toda a materialidade fônica do discurso), devia, também, preocupar-se com as formas de organização do discurso que a situação contextual exige; a adequação desse discurso ao interlocutor; os procedimentos que se devem adotar para se produzir um discurso nas diferentes situações de uso. Além disso, cada vez mais, deverá motivar seus alunos às situações públicas de comunicação oral, como: seminários, mesas-redondas, debates, apresentações temáticas, palestras, saindo, portanto, do contexto exclusivo da sala de aula.

Por outro lado, deverá ensinar o modo de produção dos discursos orais, seu planejamento e suas características textuais. É preciso, no entanto, superar a idéia comum de linguagem oral como sendo somente o lugar da espontaneidade, do expressar-se livremente, do falar sobre si distraidamente. Na verdade a escola deverá entender que produzir discursos na linguagem oral significa organizar a fala em gêneros discursivos, que possuem características próprias. Como vemos, além da conversa espontânea-coloquial, a oralidade caracteriza-se por ser uma prática social discursiva, que se realiza em vários contextos, apresentando-se em diversos tipos e gêneros textuais. A seleção desses gêneros textuais deveria acontecer conforme a sua relevância social. Não deverão ser esquecidos os gêneros da tradição oral: o contador de histórias, os provérbios e adágios, a literatura de cordel declamada ou cantada.

Toda expressão de oralidade merece a devida consideração: o falar do pobre, do mendigo, do negro, da pessoa com necessidades especiais, enfim, a fala popular.

Como vemos, o ensino da linguagem oral deve ultrapassar a sala de aula. Quando recebemos nossos alunos para ensiná-los língua portuguesa, eles já são usuários da mesma; a nossa docência será colocá-los nos vários contextos de uso da língua, pois a interação dialogal já trazem de casa, do mundo. Os parâmetros curriculares nacionais orientam nessa linha ao proporem objetivos, estratégias e sugestões embasados na diversidade de gêneros do oral e das situações de uso público da fala.

O sistema de notação da língua (a escrita e a leitura)

Como já foi dito, a segunda modalidade de expressão da língua verbal é a sua escrituração, cujo grau de diferença, em relação à oralidade, encontra-se na monitoração e no planejamento. Kato (2001) considera algumas etapas evolutivas da história da escrita: uma primeira fase, em que ela inexistia; uma outra, semasiográfica, que identifica-se pelos sistemas pictográficos (gravuras, desenhos, garatujas...) e pelos recursos de identificação mnemônica (heráldica e símbolos indígenas). Numa terceira fase, teremos a plenitude da escrita, também chamada de fase fonográfica (lexical-silábica, silábica e alfabética). Emília Ferreiro, em sua *Psicogênese da língua escrita*, identifica a alfabetização mais ou menos como Mary Kato apresenta. Demonstrando que a criança ou o adulto analfabetos passam por níveis de escrita pré-silábica como sendo aquela dos desenhos e garatujas; o nível silábico, em que já se identifica a quantidade de sílabas, mas com ausência de alguns grafemas (vogais, por exemplo); uma fase intermediária silábico-alfabética e, finalmente, a escrita alfabética, em que já se conhece as regularidades da língua, como, por exemplo, que se escreve, em português, da esquerda para direita; que antes de p e b só se grafa m; que não há sílabas formadas apenas por consoantes etc.

Portanto, na concepção de Kato, a escrita silábica forma-se a partir do silabário ou fenômeno Rebus, em que se uniam dois ou mais desenhos (pictogramas) para se chegar a uma idéia do que se queria dizer. O silabário fenício, por exemplo, era constituído apenas por consoantes, e os gregos o tomaram emprestado para a base de sua escrita, acrescentando as vogais (grafemas soantes) antes da consoante, passando-se, assim, da escrita silábica para a ALFABÉTICA no séc. X a.C., mais ou menos. Nossa escrita portuguesa deriva-se, portanto, do ramo latino da escrita grega.

A escrita alfabética foi concebida, a princípio, para representar a fala, mas sabemos que não chega a isso, é apenas uma tentativa aproximativa. As diferenças formais entre fala e escrita centram-se nas condições de produção e recepção, e dos usos da linguagem. Essas variantes são: as variáveis sociais e psicológicas, o grau de letramento, o estágio de desenvolvimento lingüístico, o gênero textual, o registro e a modalidade (literária, coloquial etc.). Enquanto a linguagem oral realiza-se por recursos paralingüísticos e supra-segmentais, a linguagem escrita realiza-se através de estruturas sintáticas complexas. Com exceção dos poemas regionalistas e da reprodução da fala na ficção, a escrita se situa dentro de uma norma padrão, que tem por finalidade garantir a sua unidade, enquanto na fala deve-se respeitar a riqueza das variedades lingüísticas. Kato (2001, p. 39) assevera que

> mantendo-nos dentro dos limites de uma abordagem puramente especulativa, podemos dizer que o Brasil é ainda uma nação de real primazia do oral. Ora, a língua oral, por se permitir fugir ao controle das regras prescritivas gramaticais que se exercem sobre a escrita, mais conservadora, distancia-se delas de forma a abrigar subsistemas paralelos não previstos nestas normas.

Assim como acontece com a linguagem oral, dentro do processo comunicativo de um emissor e um receptor (o falante e o ouvinte), na escrita os textos podem ser entendidos de maneira literal ou indireta, dependendo das relações e experiências entre o leitor e o escritor, com base em uma determinada coerência global (adequação do texto como um todo à concepção de mundo do escritor), local (ou seja, a consistência interna, que leva o autor a não se contradizer) e temática (que leva o autor a não fugir do tema). A falta de coerência formal, as convenções textuais, poderá fazer com que o leitor desvie sua atenção do conteúdo para a forma e não entenda o texto escrito na sua totalidade. O elemento coesivo, por sua vez, faz a ligação harmônica da dicotomização do pensamento.

Que fazemos quando falamos ou escrevemos? A primeira distinção a ser feita entre fala e escrita é relativa à própria natureza dessas duas modalidades da língua. No primeiro caso temos estímulos auditivos e no segundo, visuais.

Em uma concepção estruturalista, a leitura é um processo instantâneo de decodificação de letras em sons, e a associação desses com o significado. Já no modelo construtivista a leitura é feita a partir da visão de mundo do leitor, organizada em estruturas cognitivas como em esquemas mentais de sentido. Portanto, determinam a forma da leitura de textos escritos: a maturidade do leitor, a complexidade textual, o estilo individual da leitura (em voz alta ou silenciosa), o gênero do texto.

O ato de escrever envolve meta e plano, ou seja, o escritor deverá prever os destinatários e o que deseja atingir; prever por onde quer começar e finalizar; obedecer aos princípios de coerência e coesão e ainda ordenar as idéias, revisar e até elencar novos objetivos.

Para a maioria dos autores, o domínio da escrita é útil para a ascensão social, desenvolvendo a racionalidade e a consciência crítica, portanto ela não é apenas o reconhecimento de símbolos ou decodificação de letras, associando a sons, palavras e significados, mas a escrita permitiu a acumulação de tesouros culturais guardados em textos.

Conforme Olson (1997), quando os signos adquiriram uma sintaxe (uma combinação), passaram a ser sistemas de escrita. Portanto, como já dissemos anteriormente, esse autor também confirma a mesma tese: as escritas não são tentativas de representar o que é dito, mas representações de eventos (das idéias), em que algumas dessas representações podem ser vistas como modelo de fala. As notações numéricas proporcionam um tipo de modelo, as escritas logográficas, outro tipo. Assim, fica claro que a escrita não é transcrição plena da fala, mas que fornece um modelo conceitual para a linguagem falada. Para esse autor, a escrita possui limitações, pois não capta o tom e o contexto, ou seja, os atos de enunciação, já que não pode transcrever os supra-segmentos. Os sinais de pontuação são uma tentativa das ciências modernas de ler esses traços prosódicos.

Como vemos, o grande problema da escrita é recuperar aquilo que se perdeu da oralidade (acento frasal, entonação, curva melódica) e o problema da leitura consiste em dominar os sinais e técnicas hermenêuticas que dão algumas indicações de como o escritor desejaria que o seu texto fosse interpretado. Para se chegar à verdadeira interpretação dever-se-á compreender o texto, em sua totalidade, ou seja, nos três aspectos de estrutura lingüística: sintático, semântico e pragmático. Na oralidade os textos verbais são bem mais fáceis de serem entendidos, pois tem-se a presença do falante, que poderá esclarecer prováveis incompreensões, e tem-se também a presença dos supra-segmentos.

Toda escrita pode ser verbalizada ou lida, portanto serve de modelo para a fala, possuindo implicações cognitivas. A escrita e, conseqüentemente, a leitura, pois se escreve para que alguém leia, marcaram profundamente a mente (cognição) e, por sua vez, a cultura.

Como sabemos, escrita e leitura caminham juntas e nessa relação temos uma outra teoria, a qual se aproxima da de Mary Kato e de Emília Ferreiro, sendo que esta, referindo-se à leitura, aproxima-se da do lingüista francês David Elkind (in Freitag, 1994). Para ele, existem quatro estágios para a aquisição da leitura: *um estágio global indiferenciado*, em que a criança ainda não domina a gramática e tem vocabulário restrito, mas já com certa noção de seqüência de palavras. Tal estágio corresponderia, para Piaget, na sua teoria cognitiva, ao pré-operatório. Um *estágio da decodificação da identidade*, em que a criança já classifica, faz seriação, compreende relações e transformações (pré-requisitos importantes para aquisição de leitura) que não ocorrem de forma automática como na aquisição da fala, pois a faculdade da leitura exige ensino–aprendizagem. Tal estágio corresponderia, em Piaget, ao das operações concretas. O terceiro estágio seria o da *decodificação da equivalência,* em que já se compreende que os significados mudam conforme a posição dos sons no interior da palavra, e é quando acontece a emissão de julgamentos. Tal estágio se completa quando o ato da leitura se automatiza, não havendo mais problemas técnicos ou semânticos na decodificação. O quarto estágio desdobra-se em dois subestágios: *o egocentrismo léxico* e a *disciplina receptiva*. Ambos caracterizam-se pelo início da função interpretativa, momento em que se atinge o estágio do pensamento formal. O *egocentrismo léxico* consiste na dificuldade que possui o leitor em aceitar as argumentações do autor; para se tornar um leitor maduro, deverá abandonar o egocentrismo léxico para assimilar o pensamento e a argumentação do outro. A verdadeira leitura, como já dissemos acima, desencadeia processos cognitivos, diálogo interior, reflexão e crítica. Essa forma de ler evolui, necessariamente, o pensar. Emília Ferreiro completa esses estudos de Elkind, acrescentando à dimensão da leitura a realidade da escrita.

Portanto, "a produção de textos e sua interpretação por meio da leitura é uma forma de conquista da liberdade, de transcendência dos limites do eu (egocentrismo) e de verdadeira conquista da cidadania" (Freitag, p. 63). Para a autora, dificilmente um adulto alfabetizado chegará a ser proficiente na leitura crítica, interpretativa; ele sempre precisará ver e ouvir, mais do que dialogar com o texto, desintegrá-lo para reintegrá-lo, pois há um tempo certo para que isso aconteça, a infância; perdida essa oportunidade, os esforços para fazer alguém ler ou escrever são enormes para um resultado mínimo, com elevadíssimos índices de frustração. É começando desde cedo com o hábito da leitura que podemos virar cidadãos do mundo (Freitag, pp. 64-65). A nosso ver, poderão acontecer exceções, e um alfabetizado na vida adulta adquirir total proficiência no ato de ler.

Mas voltando ao tema da relação entre oralidade e escrita, podemos dizer que entre esses dois modos de produção da palavra há mais semelhanças que diferenças, apesar de cada um deles possuir características particulares. Há determinados tipos de gêneros que aproximam a escrita da oralidade e vice-versa. Por exemplo, se tomarmos a originalidade de uma conversa informal e compararmos com uma carta para um interlocutor familiar, vamos encontrar bem mais semelhanças; mas se, por outro lado, compararmos um artigo acadêmico com uma conversa entre amigos, as diferenças são enormes, pois tem-se duas tipologias textuais.

Botelho (2007), referindo-se à obra de Marcuschi, trata da idéia de *continuum* tipológico entre fala e escrita, relacionando os respectivos gêneros textuais

> a cada um deles e o contínuo tipológico nos usos lingüísticos, evitando comparações dicotômicas, baseadas apenas em textos prototípicos de cada modalidade. Dessa forma, não se pode conceber que qualquer caracterização lingüística ou situacional da fala ou da escrita se efetive em todos os gêneros orais e escritos. No contínuo tipológico, há gêneros orais e escritos muito semelhantes (conferência/artigo acadêmico, conversa entre amigos/carta familiar, entre outros) e outros muito distintos (bate-papo/artigo acadêmico ou um seminário/bilhete). Isso ocorre porque não há homogeneidade na relação da oralidade com a escrita.

O contínuo dos gêneros textuais distingue e correlaciona os textos de cada modalidade (fala e escrita) quanto às estratégias de formulação que determinam o contínuo das características que produzem as variações das estruturas textuais-discursivas (*sic*), seleções lexicais, estilo, grau de formalidade etc., que se dão num contínuo de variações, surgindo daí semelhanças e diferenças (cf. Marcuschi, 2001, p. 42).

Após termos refletido sobre a presença poderosa da palavra em suas modalidades de uso (oral e escrita), passaremos a apresentar a sua utilidade social. É claro que toda pessoa alfabetizada e que reflete a língua como elemento singular e constituinte dos seres humanos já entende essa funcionalidade. Achamos por bem um maior aprofundamento, visto que na sociedade hodierna, secularizada e rotulada pelo estresse, encontramos pessoas que ainda dizem não ter tempo para ler, para estudar.

A palavra para ser lida, entendida e interpretada

Iniciamos este bloco evocando o grande pedagogo pernambucano Paulo Freire (1994), que afirmava: "Antes de ler as palavras, deve-se fazer primeiro a leitura da realidade" (de mundo, dos contextos sociais em que se inserem os diversos leitores). É, portanto, lendo e entendendo a própria realidade que se pode intervir para transformá-la.

É evidente que a palavra existe para ser ouvida/lida e, conseqüentemente, interpretada. Tanto a leitura como a escrita deve brotar a partir de palavras e temas significativos, em que a subjetividade e a objetividade se prendem dialeticamente, sem uma absolutizar a outra.

Assim, lendo ou escrevendo palavras e sentenças contextualizadas, pois são momentos inseparáveis de um mesmo processo, a compreensão dos textos em seus vários tipos chega com maior facilidade, pois a inserção na situação de vida dos leitores e ouvintes faz com que esses mesmos ouvintes/leitores tenham maior proficiência no domínio da língua. A discussão em torno do texto contextualizado é indispensável para que aconteça o perfeito entendimento do mesmo e, assim, trabalham-se juntas a escrita e a oralidade. As normas gramaticais que uniformizam a escrita vão aparecendo no momento certo a partir de seus momentos de usos lingüísticos e não como um conjunto de regras prescritivas a serem decoradas para vestibulares e concursos para logo entrarem no esquecimento; se surgem com significância na vida dos usuários da língua, são verdadeiramente aprendidas.

Para Yunes (2002, p. 35):

> A leitura, bem como a escrita, são produções da experiência humana que a história social promoveu e, do ponto de vista da aprendizagem, correspondem às práticas valorizadas na transmissão cultural: ser analfabeto é estigma grave em nossa sociedade. Tanto assim que as instituições públicas, responsáveis pelo patrimônio cultural preservado, estão assentadas sobre o ler e o escrever, e a educação formal ou informal consideram a importância de recolher e registrar o vivido, formatando-o como narrativas ou relatos.

A mesma autora propõe práticas leitoras para estimular a interatividade com os outros e com os textos, como: círculo de leitura (reunião para cantar, dançar, cirandar, ouvir prédicas e casos de viajantes), ler em círculo, abrindo-se ao diálogo. Como vemos, a aprendizagem da leitura não se dá somente na formalidade escolar, mas, muito mais, no dia-a-dia de cada um. Para ela, "ler é condição de estar no mundo, criando-o outra vez" (Yunes, p. 102).

Estudos etnográficos ligam-se à transdisciplinaridade, como produções sociais, científicas e culturais. Pesquisar, relatar, documentar, ensinar, comunicar foram e serão sempre exercícios de contar histórias, prática de um narrador (seja na fala ou na escritura) com audiência garantida de um ouvinte ou leitor.

A palavra, assim como o todo do texto, seja ele oral ou escrito, deverá ser trabalhada com a perspectiva da interação viva: um contador (narrador) de feitos, com comentários de permeio, entabulando uma longa conversa com o seu receptor.

Para Galvão (2007, p. 119), a mediação do outro é de suma importância no processo de aproximação com o mundo da cultura escrita. Em sua pesquisa com a literatura de cordel, como prática de letramento entre sujeitos com baixo nível de escolarização, aborda:

> Um primeiro ponto que parece caracterizar a relação estabelecida entre o leitor/ouvinte e o cordel é a presença, na maior parte dos casos, nas práticas de leitura, de outros leitores/ouvintes. A leitura dos folhetos, como pude constatar na pesquisa, raramente era solitária. Vários estudos realizados no campo da história da leitura têm mostrado que as próprias situações de leitura determinam a produção de sentidos nos processos de usos e apropriações dos impressos: um mesmo texto, lido em voz alta ou silenciosamente, de maneira intensiva ou extensiva, produz significados diferentes para os leitores. A primeira instância de leitura/audição de folhetos era, de modo geral, o momento em que as pessoas iam à feira e ouviam o vendedor: leitura competente, declamada ou cantada

em voz alta, interrompida no momento do clímax do enredo. Uma vez adquiridos ou tomados de empréstimo, os folhetos eram geralmente lidos em grupo, em reuniões que congregavam grande número de pessoas, na casa de vizinhos e familiares. Aqueles que possuíam um maior número e uma maior diversidade de títulos de folhetos em casa chamavam os parentes e amigos para, coletivamente, desfrutarem das leituras das histórias.

É emocionante ler este relato de Ana Maria Galvão. Vemos, aí, como as práticas de letramento são verdadeiramente situadas; como a leitura é aprendida de maneira lúdica e informal. Nesse processo, além do código escrito formal, tem-se a entoação declamativa com suspense para o clímax e, com certeza, o interesse dos ouvintes, que também são leitores, pois estavam entendendo e interpretando os textos lidos como uma verdadeira unidade de sentido, já que o ato de ler não é só decodificar e pronunciar as palavras, mas sobretudo produzir sentidos para as próprias vidas e partindo de experiências já vividas. E aqueles que por acaso não tinham muita familiarização com o mundo da cultura escrita ainda treinavam a memorização, que, como já vimos, era a técnica dominante antes do aparecimento da escrita para que os saberes e os acontecimentos da humanidade não fossem esquecidos.

Antes de concluirmos este terceiro capítulo, achamos necessário, ainda, uma pequena palavra sobre a interpretação dos vários portadores de textos. Ao escrever um texto, o autor codifica a sua mensagem, que, por sua vez, já tinha sido pensada, concebida, e o leitor, ao ler um texto, decodifica a mensagem do autor, para então pensá-la, assimilá-la e personalizá-la, compreendendo-a. E assim se completa a comunicação. Portanto, o texto, como complexo de palavras bem organizado, é, antes de tudo, o meio intermediário pelo qual duas consciências se comunicam. Ele é o código que cifra a mensagem.

Segundo Severino (2002), existem recursos metodológicos para uma boa interpretação dos textos, sobretudo aqueles acadêmicos-científicos que possuem uma maior complexidade. A preocupação principal é garantir a objetividade na interpretação. O autor apresenta seis elementos para que se chegue a ela com total integridade:

1. Delimitação da unidade de leitura, ou seja, é necessário ter a idéia central do texto na sua totalidade.

2. A análise textual, que possui vários passos: leitura corrida e global do texto, esclarecimentos sobre o autor, segurança no vocabulário para eliminar as prováveis ambigüidades, ter segurança com referência a fatos históricos e doutrinários (todos esses esclarecimentos são encontrados em dicionários, textos de história, manuais didáticos ou monografias especializadas, enfim, em obras de referência das várias especialidades; podendo-se recorrer, também, a especialistas e estudiosos da área). A análise textual poderá ser encerrada com uma esquematização.

3. A análise temática, que procura ouvir o autor, apreender, sem intervir nele, o conteúdo de sua mensagem. Obser-

var que o tema não se liga a títulos e que a problemática que levou o autor a discutir determinado tema deverá ser capturada, como também a maneira que responde ao problema; essa resposta dar-nos-á a idéia central, ou seja, a tese; não esquecendo de entender as idéias secundárias, os subtemas e subteses.

4. A análise interpretativa propriamente dita, que acontece mediante as idéias do autor, por isso, antes de tudo, deve-se dialogar com ele emitindo opiniões, pois

> interpretar, em sentido restrito, é tomar uma posição própria a respeito das idéias enunciadas, é superar a estrita mensagem do texto, é ler nas entrelinhas, é forçar o autor a um diálogo, é explorar toda a fecundidade das idéias expostas, é cotejá-las com outras [...] Bem se vê que esta última etapa da leitura analítica é a mais difícil e delicada, uma vez que os riscos de interferência da subjetividade do leitor são maiores, além de pressupor outros instrumentos culturais e formação específica (Severino, p. 56).

O próximo passo para a interpretação é a crítica, ou seja, a formulação de um juízo crítico, uma tomada de posição a partir da própria natureza do texto lido.

5. O debate em grupo é o momento em que a problematização é tomada em sentido amplo e visa a levantar, para a discussão e a reflexão, as questões explícitas ou implícitas no texto.

6. Síntese pessoal. Esse trabalho garante o amadurecimento intelectual do leitor que chegou ao momento da interpretação.

Passaremos, agora, ao quarto capítulo, que vai nos colocar diante da teoria da informação e de como a palavra está sendo usada dentro dos novos gêneros textuais provenientes do mundo dos computadores.

A palavra nos novos
gêneros textuais da Internet

Os gêneros emergentes do meio virtual também trazem a palavra como matéria-prima, a que chamamos de escrita eletrônica. As formas textuais emergentes nessa escrita são várias e versáteis. Veremos a seguir quais são os traços mais interessantes para abordá-las e defini-las. Corremos um grande risco ao definir e identificar esses gêneros, pois se situam na própria natureza que os abriga. Seu vertiginoso avanço poderá invalidar com grande rapidez as idéias que serão expostas, por isso vamos apresentá-las com certa cautela.

Não é nossa intenção tratar como gênero a *home page*, já que ela não passa de um ambiente específico para localizar uma série de informações, assim, aparecendo mais como uma vitrine pessoal ou institucional. O hipertexto (textos que evocam em seu interior outros textos), também, não poderá ser tratado como um gênero e sim como um modo de produção textual que poderá estender-se a todos os gêneros, dando-lhes algumas propriedades específicas. Também os jogos interativos, sejam eles educacionais ou não, serão vistos como suportes que envolvem vários gêneros em sua configuração.

Como sabemos, todas as novas tecnologias da comunicação geram ambientes e meios novos. Foi assim com a invenção da escrita, gerando um grande número de ambientes e necessidades para o seu uso: desde os tijolos, pergaminhos, o papel, até a invenção da imprensa. Por isso, inspirado em Marcuschi (2005), aprofundaremos alguns pontos sobre os ambientes virtuais, onde encontramos a palavra como escrita eletrônica:

- Ambiente *Web* (*World-Wide-Web*), conhecido como WWW ou WEB: este ambiente é a própria rede, sendo uma combinação de bibliotecas, jornais, guias, catálogos, *blogs*. É, portanto, um ambiente de buscas de todos os tipos, tendo por base a interação.

- Ambiente *E-Mail* (correio eletrônico): é, portanto, um meio de comunicação interpessoal por meio do qual se envia e se recebe correspondências entre pesquisadores, amigos e familiares.

- Foros de Discussão Assincrônicos: são um ambiente para discussão de temas específicos, em que as relações acontecem mediante interesses comuns. Tal ambiente envolve vários gêneros.

- Ambientes *Chat* Sincrônicos: são aqueles em salas de bate-papos entre muitos interlocutores simultâneos, podendo ocorrer em ambientes reservados.

- Ambiente *Mud*: o vocábulo provém dos jogos que tinham esse nome, tomando parte uma rede de jogadores. Outros tipos desses jogos permitem criar personagens, sendo, também, ambientes de interatividade.

• Ambientes de áudio e vídeo (videoconferências): são ambientes onde se encontram vídeo e voz sincrônicos, servindo a várias finalidades, sobretudo para conferências.

Citei todos esses ambientes virtuais inspirados na obra de Marcuschi (2005) pois é neles que acontecem os gêneros textuais emergentes do mundo virtual que nos propomos a entender melhor neste compêndio: *e-mails*, *blogs*, *chats* e teleconferências.

E-mail

Também chamado de mensagem eletrônica, o *e-mail* retoma aos inícios da década de 1970, assumindo as feições atuais na década de 1990, ocasionando quase que o "fim dos correios tradicionais" — das cartas e bilhetes escritos em papel. O correio eletrônico é uma forma de comunicação escrita normalmente assincrônica, pois não se dá em tempo real, ocorrendo entre os usuários do computador. Os interlocutores, geralmente, se conhecem e nunca ocorre no anonimato, o que violaria as normas desse gênero, porque seria como uma carta anônima. São, portanto, correspondências pessoais. Apresentam o mesmo esquema tradicional de comunicação que já apresentamos no primeiro capítulo: um emissor e um receptor; de um emissor a vários receptores simultaneamente, no caso de envio das mensagens com cópias. Quanto aos aspectos textuais, podemos comparar com uma carta, um bilhete ou um recado. Já possui um cabeçalho fixo posto, automaticamente, pelo programa; o usuário deverá apenas preenchê-lo. Podem-se enviar, também, outros textos anexados. O e-mail possui:

- endereço do remetente (automaticamente preenchido);

- data e hora, também com preenchimento automático;

- endereço do receptor, o qual deverá ser inserido (quando não for uma resposta);

- possibilidades de cópias a outros endereços, que podem ser visíveis ou não aos receptores;

- assunto, sendo preenchido a cada vez, ou complementando um anterior;

- corpo da mensagem com o texto e a assinatura;

- possibilidade de anexar documentos;

- inserção de desenhos, figuras alusivas e mesmo de voz.

Marcuschi (2005, p. 41) diz que:

> Em muitos casos, os *e-mails* têm a estrutura típica do bilhete. Sua linguagem é, no geral, não-monitorada, podendo ser, porém, muito bem elaborada e escrita em separado, já que hoje se permite trabalhar no campo para *e-mail* com rascunhos que podem ser remetidos mais tarde e não apenas no ato da elaboração, como ocorria na década de 1980. Seu tamanho não tem um limite, mas no geral não se ultrapassam 5-10 linhas e não é usual fazer paragrafação, embora alguns costumem realizá-la invariavelmente. A rigor, os formatos neste particular são livres e hoje podem ser

arquivos de textos agregados (*attachment*) em quantidade ilimitada. É um gênero que, como as cartas, tem respostas (mas não sempre). Na falta de resposta, pode-se supor que o destinatário não recebeu ou não quer responder, ou recebeu e não respondeu. Mas há casos em que o endereço do remetente não funciona na recepção de respostas. O fluxo é determinado não só por decisões pessoais, mas também por condições tecnológicas. Uma das vantagens dos *e-mails* é uma transmissão instantânea encurtando o tempo de recebimento.

Pode-se, ainda, dizer dos *e-mails* que eles possuem um *corpus* bastante reduzido em relação àquele que possuem as tradicionais cartas. Têm frases mais curtas, não há um cuidado minucioso com as questões ortográficas e nem com revisão. Há maior número de abreviaturas e siglas não muito usuais. Como não ocorre desdobramentos de parágrafos, encontram-se um maior número de dêiticos com referência imediata no *frame* interno do próprio texto, além do acréscimo de imagens animadas, conforme o gosto, a criatividade e o grau de intimidade com os interlocutores-receptores.

Blog

Blog é uma corruptela de *webblog*, expressão que pode ser traduzida como "arquivo de rede". Eles surgiram em agosto de 1999 com a utilização do *software* Blogger da empresa norte-americana Evan Williams. Foi concebido como uma alternativa popular para a publicação *on-line*, permitindo ao consumidor criar uma página pessoal (arquivo em forma de diário), na qual seus documentos podem ser atualizados constantemente. *Blog* é, portanto, um diário pessoal digital na Internet que pode ser visto por qualquer pessoa, onde podem-se disponibilizar pensamentos, idéias e tudo o que se imaginar.

Nos *blogs* podemos encontrar três eixos: o tempo, o espaço e a interatividade. Este gênero diverge do tipo diário íntimo ou confissão, textos produzidos para o segredo. Os *blogs* desejam o maior número possível de interação e por isso põem em evidência as diversas questões humanas para que sejam lidas e discutidas.

Não importa que as pessoas reconheçam a depressão ou a falta de perspectiva profissional, o importante é que as histórias circulem e ocupem espaço na rede.

Marcuschi (2005, p. 114) oferece-nos um exemplo de *blog* bem contundente:

> Quarta-feira, 08 de maio de 2002. ::Perdida no Paraíso. Uma estranha no Paraíso:: Segundo o Strange Little Boy, só existem dois tipos de adolescentes que cultivam *blogs*. O primeiro tipo são os adolescentes que pretendem fazer faculdade de publicidade. O segundo são os adolescentes deprimidos. Eu não sou exatamente uma adolescente. Sou uma garotinha de vinte anos um pouco deprimida e que por enquanto não pensa em fazer faculdade nenhuma. [...]
>
> ::por::Perdida no Paraíso [link para *e-mail*] 03:02:58 ::algo a dizer??::

Temos neste texto todos os eixos do *blog*: já ao final observamos o tempo em que ele foi escrito: às 03h02m58s da madrugada. Esse é um elemento próprio deste gênero virtual que não se encontra nos diários tradicionais. Ocorre, no entanto, uma relação temporal sincrônica e assincrônica, dependendo de quem esteja lendo na hora de sua produção ou que lerá depois. Tal aspecto temporal já se encontra no programa.

Quanto ao espaço, não está indicado no *software*; é o escrevente que decide por contar ou não e por isso tem um árduo trabalho para obter a atenção do outro e como dar visibilidade ao *blog* para que ele seja acessado por milhares de usuários.

A autora do *blog*: Perdida no Paraíso faz um apelo à interatividade com o OUTRO, seja lá quem for, ao grafar dois sinais de interrogação no final de seu texto pessoal. "Perdida" encontra-se deprimida e deseja, ardentemente, falar com alguém que a escute.

Há, pelo menos, dois fatores que justificam a popularidade de uma ferramenta como o *blog* na produção de escritos pessoais: a ferramenta é popular porque não demanda conhecimento de especialistas do mundo da informática para a sua utilização e, também, é popular por ser gratuita, não se paga (pelo menos ainda...) por seu uso ou pela hospedagem do *blog* no *site* que oferece o serviço. Não se trata de exibição da vida particular de "celebridades", mas do cotidiano e das histórias de pessoas consideradas comuns porque não exercem quaisquer atividades que lhes dêem destaque social, a não ser o fato de possuírem um *blog* na rede.

Quanto à exposição da vida privada das pessoas, isso depende da liberdade de cada uma. Vários programas de televisão do mundo, hoje, se ocupam de colocarem pessoas comuns para viverem confinadas juntas em seu cotidiano; os telespectadores selecionam o vencedor e dão audiência para as emissoras. No Brasil, temos o exemplo do "Big Brother Brasil", com muito sucesso. Na França existe o "Loft Story", como em outros países. É uma questão pessoal expor ou não a sua privacidade. Não vem ao caso, agora, fazer julgamentos dessa temática, pois fugiria do foco de nossa reflexão.

Chat

O *chat* (bate-papo) pode acontecer em salas abertas ou reservadas (privadas). Surgiu como um pequeno programa para comunicação limitada entre os indivíduos que se conheciam e em menos de uma década tornou-se um dos gêneros textuais mais praticados pela civilização digital. Estima-se em mais de 120 milhões as pessoas diariamente interconectadas nos bate-papos da Internet.

Para fazer uma análise dos bate-papos seria necessário selecionar uma sala, visto que, hoje, existem múltiplas possibilidades de escolha de acordo com os interesses específicos dos usuários. Essas salas podem ser classificadas por regiões e cidades, por idade, por temas, para encontros, para imagens, por interesses específicos, para bate-papos com pessoas especiais. Um gosto para cada tipo de pessoa, apesar de que muitos se fixam na rede somente em uma sala específica.

Entre os *chats* abertos é comum buscar um apelido ou nomes de fantasia, a fim de que haja uma relação de desconhecimento pessoal. Para vários autores, é uma das características distintivas dos grupos de bate-papos sincrônicos. O anonimato do meio é um dos traços mais interessantes que conduz da lingüística para a psicologia social. Essas máscaras variam muitas vezes e um mesmo indivíduo poderá entrar na mesma sala em curto lapso de tempo com enorme rapidez, com nomes diversos, o que dá volatividade às identidades sociais. Esses nomes possuem uma variedade tremenda com forte carga de personalidades por trás de tais escolhas. Vejam a força da palavra! Eis alguns deles: Senhor das Algemas, Submissa, Jujuba, Insaciável, Senador, O Pagador de Promessas, Amada do Pai, Soldado de Cristo, Fêmea Vadia, Um Presente dos Deuses. Como vemos, muitos deles são pejorativos, já que tais salas que fazem uso da palavra são bastante diversificadas, anônimas e sem princípios de ética, que varia de cultura para cultura, de credo para credo religioso.

Já nos *chats* reservados, os indivíduos interagem em particular, podendo até isolar-se dentro da sala pela escolha exclusiva de um interlocutor. Uma das vantagens deste tipo é a maior tranqüilidade nos diálogos, a possibilidade de respostas mais ordenadas. Caso os participantes já tenham tido contatos anteriores, poderão retomar tópicos e desenvolvê-lo ou progredir para novas informações. Esse gênero tem uma proximidade com a conversação face a face muito maior do que aqueles mais abertos, não apresentando tantos tumultos de comunicação. Hoje em dia esse gênero reservado é o mais praticado por dar maior concentração e tranqüilidade aos interlocutores, possibilitando, ainda, conhecimentos duradouros.

Existe já hoje em dia, sobretudo nos órgãos de comunicação em massa, como a imprensa, jornais, revistas, rádio e televisões, os *chats* de entrevista com convidados, pondo à disposição uma personalidade com a qual os interessados interagem. É feita de modo *on-line* e mediada por alguém que não aparece, o qual seleciona as perguntas que o entrevistado recebe para responder. Essas entrevistas funcionam como os *chats* abertos, mas com uma diferença — somente o entrevistado é que responde. Todos os que acessam podem enviar suas perguntas, como também ler a dos outros, e todos lêem as respostas. Temos visto, ultimamente, que as emissoras de TV anunciam, logo após apresentarem seus artistas em programas de auditório, que eles se encontram disponíveis para entrevistas no *site* da emissora, uma maneira de aumentar tanto a audiência televisiva como do número de usuários desses determinados *sites*.

Teleconferência

O ensino a distância, baseado nos programas das teleconferências *chats*, vem demonstrando ser de grande eficácia para os interessados. As teleconferências, geralmente, são sincrônicas e todos podem se comunicar nas várias regiões ou locais em que se encontram, bastando ter o telão e os equipamentos necessários instalados à rede. Acontecem em hora determinada e todos, palestrantes e ouvintes, apresentam-se na hora e no espaço determinados. Aqui é mais constante o uso da palavra oral. Uma das diferenças com relação às salas de bate-papos é que aqui os participantes se conhecem ou são identificados por seus respectivos nomes e a entrada é limitada ao número de audientes ou mesmo de alunos, no caso das teleaulas ou cursos. Esses encontros possuem estrutura clara que determina relações interpessoais e conteúdos já selecionados anteriormente.

Portanto, este gênero textual tem a sua estrutura com estilo e ritmos bem definidos por sua função principal, que é a instrucional. A figura do conferencista ou do professor é muito mais de um animador ou instrutor para dirimir dúvidas, incentivar os participantes a agirem com contribuições pessoais, o que se torna possível, pois, como já dissemos, este evento ocorre em caráter sincrônico, tratando-se de uma interação *on-line*.

As videoconferências aproximam-se dos bate-papos com convidados, mas possuem tema fixo e tempo claro de realização com parceiros bem definidos.

Assim, apresentando esses quatro gêneros textuais, provenientes da Internet, pensamos ter esclarecido o modo como se utiliza a palavra, seja oral, seja escrita, nesses ambientes virtuais ou *on-line*.

O próximo capítulo deseja aprofundar, um pouco mais, como se dão as práticas sociais de comunicação, situadas na perspectiva do letramento nas diversas facetas da pirâmide social.

Práticas sociais
e eventos comunicativos

Como já se sabe, os eventos comunicativos poderão ocorrer tanto na oralidade como na escrita, e não se pode tratar de comunicação sem levar em conta os aspectos sociais onde ela acontece. Já vimos que o uso da língua se dá através de um *continuum* entre modalidades, gêneros textuais e contextos socioculturais, em oposição à idéia dicotômica entre oralidade e letramento.

Sendo o letramento uma prática social situada, investigá-lo é observar práticas lingüísticas em situações de uso em que tanto a escrita como a fala são centrais para as atividades comunicativas em curso. A língua em uso, enquanto prática social, é diferente de instrumento que se preocupa com a prescrição de normas convencionais para a sua utilidade. Língua é, também, uma atividade voltada para a ação, para a cognição e para a interação, sendo heterogênica, histórica, dinâmica, opaca (que não se pode determinar, imprevisível) e, sobretudo, social. Os estruturalistas, como Saussure (já estudado no segundo capítulo), Bloomfield e Chomsky, não vêem a língua em seus aspectos sociais, mas só no que se refere ao sistema, numa concepção redutora. A nosso ver, os dois aspectos se completam.

Entre os dois eventos comunicativos — da fala e da escrita — encontramos as diferenças que marcam cada um deles, mas que, mesmo assim, continuam intimamente relacionados, como modos de uma mesma atividade lingüística que é a comunicação verbal. A fala é mais contextualizada, podendo acontecer interrupções e correções; há um maior envolvimento dos interlocutores. Já a escrita é descontextualizada, necessita de uma explicitude que, na maioria das vezes, não é do próprio autor; necessita de conectividade e é sempre distanciada.

Na relação com o letramento, esses dois eventos da língua têm um sentido (a semântica) sempre situado, pois, como já dissemos, e agora repetimos para dar ênfase, todo uso lingüístico é sempre contextualizado em universos socioculturais. Dever-se-á, no entanto, observar os múltiplos letramentos com base nos domínios discursivos (práticas sociais da língua), como, por exemplo: o discurso jurídico, o discurso religioso (sermão, homilia, catequese, aula de teologia, obras apologéticas), o discurso jornalístico. Dentro de cada domínio discursivo encontramos vários gêneros textuais, como acabamos de elencar com relação ao discurso religioso. É aqui que se dão os usos efetivos em condições específicas e situadas em suas produções típicas. Em meu livro *Alfabetizar letrando: uma experiência na Pastoral da Criança* (2006), já havia dissertado sobre esse tema, mostrando que há diferentes letramentos associados a diferentes domínios de vida. Domínios tais como a família, o trabalho, a escola, a religião, o clube, o lazer em geral, a universidade... E a escrita exibe papéis diferentes em relação a esses domínios.

Dentro desse universo de práticas sociais, elencaremos, agora, vários gêneros textuais situados e que podem ser orais ou escritos, usando, assim, os dois modos de produção da palavra na linguagem verbal. São eles: telefonema, sermão, carta comercial, carta pessoal, matéria jornalística, fofoca, *outdoor*, piada, índice remissivo, romance, poemas, cantigas, cardápio, listas de compras, publicidade, debate, aula expositiva, reportagem jornalística, bula de remédio, receita culinária, horóscopo, entrevista televisiva ou *on-line* no computador, confissão, inquirição policial, *e-mail*, *blog*, artigo científico, obras de ficção, literatura de cordel, calendários, almanaques, missais, jornalzinho da missa etc. Todos são gêneros textuais que trazem suas características próprias e seus portadores de textos adequados, mesmo quando escritos ou orais.

Os gêneros textuais são formas estabelecidas, histórica e socialmente situadas. Sua definição é de natureza sociocomunicativa. Esses gêneros, por sua vez, situam-se dentro dos vários tipos textuais existentes em uma língua: narração, argumentação ou dissertação e descrição.

Assim, concluímos que não há uma dicotomia real entre fala e escrita, seja do ponto de vista das práticas sociais, seja dos fenômenos lingüísticos produzidos. A fala e a escrita são realizações enunciativas da mesma língua e situações e condições de produção específicas e situadas. O letramento, portanto, é uma prática social estreitamente relacionada a situações de poder social e etnograficamente contextualizada.

Nesse sentido podemos indagar: o letramento de uma classe A da pirâmide social seria o mesmo das favelas que se aglomeram nos morros de uma mesma cidade? É claro que são bastante diferentes e já sabemos o motivo. Os contextos lingüísticos são diferenciados, mas mesmo assim não há um letramento superior ou inferior. Esses diferentes contextos só enriquecem os eventos comunicativos e a língua em si, que é sempre dinâmica. O grau de letramento de um favelado, fruto da desigualdade social, pode ser bem mais distante daquele dos bairros "nobres", onde se convive mais com os portadores de textos escritos e se tem maiores condições financeiras para a aquisição do código formal da língua, que é apenas uma maneira de uso do evento lingüístico.

Como vemos, este capítulo serviu mais para aprofundar e sintetizar o que já havia sido dito até agora, atuando como ponte segura para os dois próximos capítulos, que vão enfatizar a PALAVRA de maneira mais lúdica e mostrar todo o seu poder de abrangência. O que foi dito anteriormente foi de fundamental importância para o nosso entendimento dos processos comunicativos através das linguagens não-verbais ou verbais, pois sem esses esclarecimentos o que vamos refletir a partir de agora ficaria desprovido de fundamentos básicos em uma obra que se propõe a estudar a PALAVRA.

A sedução da palavra conotativa

O próprio título do capítulo já exige de nós uma certa explicação. A sedução, aqui, é o mesmo que se deixar levar, como que perder as forças diante de determinada beleza ou proposta e, quando se dá na conotação, torna-se arte.

Neste momento, logo de início, vamos diferenciar esses dois tipos de linguagem tão comum em nosso cotidiano, pois estamos o tempo todo fazendo uso deles, mesmo sem nos dar conta. Se lembrarmos do que já vimos no segundo capítulo sobre o signo lingüístico, ficará bem mais fácil entendê-los. Para Saussure, o signo lingüístico apresenta um significante ou plano da expressão — uma parte perceptível, constituída de sons —, e o significado — a parte inteligível, o conceito. Por isso, numa palavra que ouvimos, percebemos um conjunto de sons (o significante) que nos faz lembrar de um conceito (o significado).

A denotação é justamente o resultado da união existente entre o significante e o significado, ou entre o plano da expressão e o plano do conteúdo. Já a conotação resulta do acréscimo de outros significados paralelos ao significado de base da palavra, isto é, um outro plano de conteúdo que pode ser combinado ao plano da expressão. Este outro plano de conteúdo reveste-se de impressões, valores afetivos e sociais, negativos ou positivos, reações psíquicas que um signo evoca.

Portanto, o sentido conotativo difere de uma cultura para outra, de um contexto para outro, de uma classe social para outra, de uma época para outra. Por exemplo, as palavras *monge*, *religioso*, *homem*, *padre* denotam praticamente a mesma coisa, mas têm conteúdos conotativos diversos, principalmente se pensamos em contextos religiosos diferenciados.

Dessa maneira, podemos dizer que os sentidos das palavras compreendem duas ordens: referencial ou denotativa e afetiva ou conotativa.

A palavra tem valor referencial ou denotativo quando é tomada no seu sentido usual ou literal, isto é, naquele que lhe atribuem os dicionários; seu sentido é objetivo, explícito, constante. Ela designa ou denota determinado objeto, referindo-se à sua realidade palpável.

Além do sentido referencial, literal, cada palavra remete a inúmeros outros sentidos, virtuais, conotativos, que são apenas sugeridos, evocando outras idéias associadas, de ordem abstrata, subjetiva.

Para ficar mais claro, poderemos fazer o seguinte paralelo: na denotação, a palavra possui significação restrita, com sentido comum do dicionário, sendo usada de modo automatizado na linguagem comum. Já na conotação a palavra tem uma significação ampla, cujos sentidos extrapolam o sentido comum, sendo usada de modo criativo, pois possui uma linguagem rica e expressiva.

Um bom exemplo para entendermos essas duas realidades da palavra é *Rosa de Hiroshima*, poema de Vinicius de Moraes, musicado por Gerson Conrad, que ganha novo brilho quando cantado e interpretado na inconfundível voz do grande cantor brasileiro Ney Matogrosso:

Pensem nas crianças mudas telepáticas
Pensem nas meninas cegas inexatas
Pensem nas mulheres rotas alteradas
Pensem nas feridas como rosas cálidas
Mas oh! Não se esqueçam da rosa da rosa
Da rosa de Hiroshima, a rosa hereditária
A rosa radioativa estúpida e inválida
A rosa com cirrose a anti-rosa atômica
Sem cor sem perfume sem rosa sem nada

Como vemos, o poema está todo na linguagem conotativa, desde o vocábulo rosa, que se refere, na linguagem denotativa, à bomba de Hiroshima, até os outros adjetivos que, referencialmente, não se ligariam à palavra rosa, como: rosa hereditária, radioativa, estúpida, inválida, com cirrose, anti-rosa, sem cor, sem perfume, sem rosa, como feridas. O autor utiliza-se de metáforas e, de maneira esplêndida, emociona os leitores e ouvintes, no caso de o poema ser cantado. E é por isso que a palavra conotativa nos seduz, por causa de seus múltiplos sentidos, que são, sempre, interpretados conforme o grau cultural, o temperamento e as emoções de cada um.

Se o transferíssemos para a linguagem referencial-denotativa, teríamos o gênero jornalístico. Vejamos como poderia ficar:

> Na Segunda Guerra Mundial, que, para o Japão, durou, mais ou menos, cinco anos, de 1940 a 1945, foram destruídas duas cidades importantes japonesas: Hiroshima e Nagasaki. Pelos efeitos da bomba atômica, que, quando explode, toma a forma de um cogumelo ou até mesmo de uma rosa, e tem conseqüências radioativas trágicas, muitos cidadãos que estavam por perto no momento e, ainda, seus descendentes, sofreram, e ainda se ressentem, com a irradiação. Gente mutilada, doente, sofrendo.

Portanto, é na literatura que encontramos de modo usual a linguagem conotativa sedutora. Seja em suas formas fixas, que antecederam ao Modernismo, como as epopéias; as cantigas de amor, de amigo e de escárnio; as tragédias e dramas; os sonetos e romances. Como sabemos, essas formas fixas literárias possuíam normas rígidas, como a versificação de métricas rítmicas, a presença de rimas (ricas, pobres, paralelas, interpoladas, cruzadas), as assonâncias e aliterações. Mas mesmo com essa rigidez, não perdiam o seu encanto, continuavam e ainda continuam seduzindo aqueles de espírito emotivo e desarmado, que sabem encontrar o belo ao contemplar a grandeza da criação e as pequenas coisas ou fatos corriqueiros. Com o advento do Modernismo, os artistas da palavra tornaram-se mais soltos, por isso, a linguagem é ainda mais sedutora. Citaremos dois exemplos que acariciam o fundo de nossa alma, dois poemas musicados, um do grande cantador e contador do povo, o pernambucano Luiz Gonzaga, em parceria com Humberto Teixeira, e outro do querido compositor da atualidade Guilherme Arantes. Vejamos o primeiro, chamado *Assum Preto*:

> Tudo em vorta é só beleza
> Sol de Abril e a mata em frô
> Mas Assum Preto, cego dos óio
> Nem vendo a luz, ai, canta de dor. } (bis)
> Talvez por ignorança
> Ou mardade das pió
> Furaro os óio do Assum Preto
> Pra ele assim, ai, cantá mió. } (bis)
> Assum Preto veve sorto
> Mas num pode avuá
> Mil vez a sina de uma gaiola
> Desde que o céu, ai, pudesse oiá. } (bis)
> Assum Preto, o meu cantar
> É tão triste como o teu
> Também roubaro o meu amor
> Que era a luz, ai, dos óios meus
> Também roubaro o meu amor
> Que era a luz, ai, dos óios meus.

Logo de início observamos no poema a constante variação lingüística, pois ele *tenta passar a realidade da linguagem oral do sertão e faz* a simples transcrição da fala. Os autores, por sua vez, comparam-se ao Assum Preto no que se refere ao sentimento do amor que tinham perdido, assim como o pássaro perdeu a vista para cantar melhor e mesmo assim canta de dor. Se o Assum Preto tornou-se cego em seu aspecto biológico, os autores estavam cegos de amor e também se consideram como cegos biológicos, já que o amor, para eles, era a luz dos olhos. Além das belas e comovedoras metáforas, encontramos o paradoxo: luz e treva.

O outro exemplo é o poema moderno de Guilherme Arantes intitulado *Planeta Água*, pois, de cheio, observa-se, logo, a atualidade do tema. O planeta como nosso hábitat natural, presente de Deus e que está sofrendo tantas agressões do próprio ser humano: águas poluídas, camada de ozônio sendo destruída e o conseqüente aquecimento da terra, a violência contra o próximo. Mas água é VIDA e nosso planeta, sobretudo a Amazônia brasileira, está cheia deste líquido tão precioso, que também é tomado na Bíblia como fonte de salvação: nas águas do dilúvio a humanidade foi purificada; nas águas do Mar Vermelho o Povo de Deus ficou livre da opressão do iníquo faraó egípcio; do lado direito do Templo o profeta Ezequiel contemplou um rio de água viva, cujas águas serviam de remédio; nas águas do rio Jordão, Jesus Cristo santificou nossas águas batismais; do lado ferido do Cristo na cruz brotaram sangue e água... A palavra água, com toda a sua carga semântica, teológica, curativa e purificadora, tem bastante força para nós. Eis o poema:

> Água que nasce na fonte serena do mundo
> E que abre o profundo grotão.

Água que faz inocente riacho e deságua
Na corrente do ribeirão.
Águas escuras dos rios
Que levam a fertilidade ao sertão.
Águas que banham aldeias
E matam a sede da população.
Águas que caem das pedras
No véu das cascatas ronco de trovão
E depois dormem tranqüilas
No leito dos lagos, no leito dos lagos.
Água dos igarapés onde Iara mãe d'água
É misteriosa canção.
Água que o sol evapora
Pro céu vai embora
Virar nuvens de algodão.
Gotas de água da chuva
Alegre arco-íris sobre a plantação.
Gotas de água da chuva
Tão tristes são lágrimas na inundação.
Águas que movem moinhos
São as mesmas águas
Que encharcam o chão
E sempre voltam humildes
Pro fundo da terra, pro fundo da terra.
Terra planeta água... Terra planeta água
Terra planeta água.

Já neste exemplo, observamos a linguagem mais trabalhada, sobretudo porque não era intenção do autor imitar a fala e, sim, colocar o texto nos moldes da escrita. Usando da metonímia, ou seja, tomando a parte = água, pelo todo = planeta, o autor apresenta de maneira bela e conotativa a grande utilidade da água, desde o seu nascimento até o seu sepultamento na terra, para que novamente possa ser evaporada e dar vida aos seres vivos. Faz, ainda, uma crítica social no verso 5: "águas escuras dos rios", fazendo menção clara da poluição feita pelas grandes cidades (dejetos de hospitais e de fábricas) e são essas águas que, apesar de sujas, chegam ao sertão para fertilizá-lo. Evoca a lenda da Iara como mãe d'água, fazendo, ainda, o uso de várias metáforas: água como véu das cascatas, águas que dormem, mãe d'água como misteriosa canção, água que vira nuvens de algodão, alegre arco-íris, águas tristes como lágrimas na inundação, águas humildes.

Como não se deixar seduzir por toda essa riqueza de palavras? São elas, as palavras conotativas, que nos seduzem, que nos levam a sair do real para viajar no imaginário, alimentando em doses saborosas e constantes a nossa alma de seres humanos criados para o belo, para as alturas, para a grandeza, mas como as águas, sem perder a humildade, maior motivo de grandeza no mundo hodierno marcado pela conjugação do verbo TER em todos os modos e tempos verbais, enquanto poderia estar, profundamente, marcado com os caracteres do SER.

A minha grande amiga Judite Botafogo é autora de duas obras que não poderia deixar de mencionar a esta altura da explicitação sobre a sedução da palavra conotativa. Professora de língua portuguesa e mestra em teoria literária, com grande capacidade para observar e tirar das pequenas coisas o belo. Nascida na cidade pernambucana de Lagoa do Carro, onde fui o primeiro administrador paroquial da paróquia de Nossa Senhora da Soledade, continua a produzir, tanto na sua oralidade como quando faz uso da escrita, textos belos, conotativos e com grande capacidade de sedução.

Na sua obra *Tropicalismo: ideologia ou utopia* (2003), apresenta o Tropicalismo brasileiro de maneira engenhosa e poética, mostrando que ele veio pela música, surgido de sentimentos de homens de uma geração que possuía espírito de alteridade e de liberdade, como Caetano Veloso e Gilberto Gil.

Para Botafogo (2003), música e literatura nasceram juntas e, estudando o Tropicalismo e seus antecedentes, observa a diversidade cultural que foi o movimento, identificando as vozes autênticas do povo brasileiro. Para ela

[...] a expressividade das conotações de suas letras repletas de pressupostos [...] Os artistas manifestaram um certo nacionalismo humanista e alcançaram um certo universalismo ao incorporar o contexto humano-existencial de uma época. O sentido que cada palavra expressa como se cada brasileiro estivesse representado ali.

Na época do Tropicalismo a palavra poética era tomada como posição crítica em face dos rumos da Música Popular

Brasileira, combatendo individualidades, inseguranças, descrenças, irracionalismos, contradições e, sobretudo, perda de identidade. Tudo isso ocasionado pelo momento histórico que vivia o Brasil: a ditadura militar. Esse novo estilo literário, realmente de natureza mimética, incorporava as vozes e a vontade de liberdade do povo brasileiro de então.

A mesma autora (2003, p. 41) diz que

> O movimento poético-musical tropicalista pode ser caracterizado por uma linguagem crítica, nova e fragmentada. Pela quebra da linearidade discursiva, justaposição de frases feitas, metrificação irregular e incorporação dos ruídos da cidade industrializada. Caracteriza-se, ainda, pela ausência de lirismo para dar lugar à atitude contemplativa do homem em relação às coisas. Permite uma postura revolucionária e idealista com tendência engajada e politizante, evidenciando assim a presentificação da realidade brasileira. Tentativa de comunicar a resistência à expressão e despertar a consciência de que o homem faz a sua história, sendo o sujeito das transformações sociais [...] A música tropicalista, cheia de irreverência e informalidades, aparentemente sem nexo, quebrando ritmos e inventando regras gramático-sociais, apresenta-se numa estrutura não-formal que, não querendo explicar nada, diz tudo no seu não dizer. A canção é expressa numa linguagem que combina arranjos verbais próprios como processos de significação pelos quais sentimentos e imagens se fundem em um tempo denso, subjetivo e histórico.

O Tropicalismo, portanto, fez com que se aproximassem os canais de massa, assumindo a postura do Velho Guerreiro, o Chacrinha, como exemplo de quebra do estilo e do povo brasileiro de então. Atualizou, ainda, ritmos sul-americanos e europeus conhecidos na época, encurtando as distâncias entre o que se diz erudito e o popular.

Da seleção feita pela autora para compor a sua obra, escolhemos duas letras marcantes e que provam a nossa tese da palavra que seduz: *Alegria, alegria*, de Caetano Veloso, e *Não chore mais*, de Gilberto Gil. Vejamos a primeira:

Caminhando contra o vento
Sem lenço sem documento
No sol de quase dezembro
Eu vou
O sol se reparte em crimes
Espaçonaves, guerrilhas
Em cardinales bonitas
Eu vou
Em caras de presidentes
Em grandes beijos de amor
Em dentes pernas bandeiras
Bomba e Brigitte Bardot
O sol nas bancas de revista
Me enche de alegria e preguiça
Quem lê tanta notícia?
Eu vou
Por entre fotos e nomes
Os olhos cheios de cores
O peito cheio de amores vãos
Eu vou
Por que não? Por que não?

Ela pensa em casamento
E eu nunca mais fui à escola
Sem lenço, sem documento
Eu vou
Eu tomo uma coca-cola
Ela pensa em casamento
E uma canção me consola
Eu vou
Por entre fotos e nomes
Sem livros e sem fuzil
Sem fome, sem telefone
No coração do Brasil...
Ela nem sabe até pensei
Em cantar na televisão
O sol é tão bonito
Eu vou
Sem lenço sem documento
Nada no bolso ou nas mãos
Eu quero seguir vivendo, amor
Eu vou
Por que não? Por que não?

Como não se emocionar ao ler e meditar esse poema que é a cara do Brasil da década de 1970, tempos de sofrimentos e inseguranças, como nos dias de hoje no disfarce da "verdadeira democracia"?

Botafogo (2003, p. 61) menciona que na

canção "Alegria, Alegria", carro-chefe do Movimento Tropicalista, uma correlação de palavras que usualmente não aparecem juntas está claramente expressa neste poema: "crimes", "espaçonaves", "guerrilhas", "cardinales", "caras de presidente", "beijos", "dentes" e "pernas" sucedem-se, confundem-se e se neutralizam.

O texto revela imagens como que um passeio pelas ruas da cidade, e ao apresentar palavras desconexas deseja, artisticamente, mostrar a cara do Brasil da época, fazendo o perfeito uso da conotação e até ferindo as "famosas regras gramaticais" que não admitem iniciar frases ou períodos com pronome oblíquo: "Me enche de alegria e preguiça".

As palavras "sem lenço, sem documento", aqui, adquirem forte expressão no todo do poema, pois além de serem ditas no início e no final dão uma idéia de moldura daquilo que o autor quis dizer: desejo de ser livre, de amar, de pensar em um clima de forte pressão. Aqui me lembro do Sl 136,1-4:

Junto aos rios da Babilônia nos sentávamos chorando com saudades de Sião. Nos salgueiros de suas margens penduramos nossas harpas. Pois foi lá que os opressores nos pediram nossos cânticos, nossos raptores queriam diversão: Cantem para nós um canto de Sião. Mas como havemos de cantar em uma terra estrangeira?

Era assim que estes autores do Movimento Tropicalistas se sentiam, como o Povo de Deus exilado na Babilônia. Como poderiam estar felizes em nações estranhas às suas culturas ou mesmo no próprio país e não terem liberdade de expressão? Era somente a palavra conotativa a arma que tinham para guerrear e, finalmente, alcançarem a vitória.

Vejamos agora a letra da canção *Não chore mais*, de Gilberto Gil, como exemplo de palavra que seduz:

Bem que eu me lembro
Da gente sentado ali
Na grama do aterro, sob o sol
Ob-observando hipócritas
Disfarçados, rodando ao redor
Amigos presos
Amigos sumindo assim
Pra nunca mais
Tais recordações
Retratos do mal em si
Melhor é deixar pra trás
Não, não chore mais
Não, não chore mais
Bem que eu me lembro
Da gente sentado ali
Na grama do aterro, sob o céu
Ob-observando estrelas
Junto à fogueirinha de papel
Quentar o frio
Requentar o pão
E comer com você
Os pés de manhã pisar o chão

Eu sei a barra de viver
Mas se Deus quiser
Tudo, tudo, tudo vai dar pé
Tudo, tudo, tudo vai dar pé
Tudo, tudo, tudo vai dar pé
Tudo, tudo, tudo vai dar pé
Não, não chore mais
Não, não chore mais.

Por pertencer ao Tropicalismo, já de cara observamos o mesmo descontentamento do autor com a situação histórica vivente, a opressão, mas mesmo assim permanece otimista, mandando acabar o choro, colocando a sua confiança em Deus para que tudo, tudo, tudo dê certo. Vê-se, também, que a cronologicidade do poema se dá em dois turnos: um diurno: "na grama do aterro, sob o sol", provavelmente o Aterro do Flamengo, no Rio de Janeiro, onde já aconteceram várias manifestações públicas em prol da liberdade e lugar de onde o Servo de Deus, o papa João Paulo II, presidiu duas eucaristias em suas visitas ao Brasil. O outro turno é a noite: "na grama do aterro, sob o céu, ob-observando estrelas". Que se via dali? Hipócritas, pessoas mentirosas e disfarçadas, que no fundo estavam do lado dos opressores e queriam pegar aqueles que, com poderosas palavras, atrapalhavam o regime político da época, por isso muitos dos amigos eram presos e sumiam para sempre. O autor permanece otimista.

Nesse período negro de nossa História as palavras tinham tanto poder que precisavam ser censuradas, escolhidas, antes de se tornarem públicas, sejam pelos portadores de textos orais ou escritos.

Em uma outra obra de sua autoria, *Sinfonia das águas* (2004), Botafogo continua seguindo sua mesma paixão pela sedução através da arte literária, sobretudo quando toma forma de canções. Na página 27 da obra ela afirma:

> No texto literário, os sons, na sua materialidade, com o seu timbre, a sua intensidade, a sua harmonia, as suas combinações e repetições, originam fenômenos que podem ser aproximadamente caracterizados como sendo *fenômeno de fono-estesia* e que se assemelham muito a fenômenos musicais.

Ela cita o exemplo do soneto de Jorge de Sena, em que as aliterações, com a reiteração dos fonemas sibilantes e dentais surdos e com a acumulação da mesma vogal (soante) no último verso, produzem efeitos fono-estéticos que reforçam os valores semânticos das palavras e dos sintagmas. Vejamos o efeito que as palavras bem escolhidas e trabalhadas dão ao poema:

> Ao pé de mim respi**ras** no teu **s**eio,
> Como nas grutas **fri**as e sombr**ias**
> Os animais pintados adorme**cem,**
> Sereno **s**e**c**am um amoroso veio
> Um após outro hão de **sec**ar-se os dias
> Na **tei**a **tê**nue que das eras te**cem.**

São, no entanto, essas aliterações e assonâncias que dão efeito ao poema. Ou seja, a maneira que o autor arruma as palavras é que as torna poderosas e belas.

Mas antes de concluir este capítulo sobre a sedução da palavra conotativa não poderia deixar de apresentar alguns exemplos do Classicismo, ou seja, das formas literárias que perduraram até a ascensão do Modernismo. Veremos um autor português e outro brasileiro, apresentando gêneros poéticos diferentes. O grande cantador dos feitos lusitanos, Luís Vaz de Camões, e o nosso poeta maranhense do Romantismo, Gonçalves Dias, que também fizeram uso da palavra com intenções artísticas, pois toda arte seduz. De Camões vejamos as três primeiras estrofes do canto I d'*Os Lusíadas*:

As armas e os barões assinalados,
Que da ocidental praia lusitana,
Por mares nunca de antes navegados,
Passaram ainda além da Taprobana,
Em perigos e guerras esforçados,
Mais do que prometia a força humana,
E entre gente remota edificaram
Novo Reino, que tanto sublimaram.

E também as memórias gloriosas
Daqueles Reis, que foram dilatando
A Fé, o Império, e as terras viciosas
De África e de Ásia andaram devastando;
E aqueles que por obras valorosas

Se vão da lei da morte libertando;
Cantando espalharei por toda parte
Se a tanto me ajudar o engenho e arte.

Cessem do sábio Grego e do Troiano
As navegações grandes que fizeram;

Cale-se de Alexandro e de Trajano
A fama das vitórias que tiveram;
Que eu canto o peito ilustre Lusitano,
A quem Netuno e Marte obedeceram:
Cesse tudo o que a Musa antiga canta
Que outro valor mais alto se alevanta.

A narrativa épica de Luís de Camões trata da história dos feitos heróicos do povo português na época das grandes navegações e é composta por dez cantos. Cada canto é composto por um agrupamento de estâncias, embora nem todos possuam o mesmo número. N'*Os Lusíadas* as estrofes são compostas de oito versos, com rimas cruzadas nos seis primeiros versos e emparelhadas no dois últimos versos, seguindo o seguinte esquema: ABABABCC. Os versos são decassílabos, ou seja, cada um é composto por dez sílabas.

Como já mencionamos, *Os Lusíadas* não é um poema lírico, mas uma epopéia; narra os feitos dos portugueses, tais como a viagem de Vasco da Gama à Índia e a história de Portugal até o reinado de dom Sebastião. A epopéia de Camões fala dos feitos marítimos portugueses como sendo superiores aos dos gregos e romanos: "cessem do sábio

Grego e do Troiano/As navegações grandes que fizeram/ Cale-se de Alexandre e de Trajano/A fama das vitórias que tiveram".

O grande objetivo de Camões foi basear-se nos antigos escritores, mas ao mesmo tempo ultrapassá-los. Por isso criou a sua própria epopéia, ou seja, uma epopéia em que narra temas históricos e reais, ao contrário dos antigos escritores, que escreviam histórias baseadas em mitos, as quais eram consideradas proezas fantasiosas.

Ao narrar com eloqüência e grandiosidade os acontecimentos da história de Portugal, Camões fez uso da palavra de maneira artística, levando em conta as formas fixas de métrica, rimas, estrofes e quantidade de verso, seduzindo, assim, aqueles que são apaixonados pela literatura épica, em que a palavra é trabalhada com muito mais rigor do que nas literaturas modernas. Mesmo assim, nenhuma forma tem preponderância sobre a outra, pois são maneiras ricas de manifestação da palavra conotativa nas obras literárias produzidas ao longo dos séculos.

O outro poema que apresenta certas formas fixas e trabalho artístico com a palavra é a *Canção do exílio*, de Gonçalves Dias:

Minha terra tem palmeiras,
Onde canta o Sabiá;
As aves, que aqui gorjeiam,
Não gorjeiam como lá.

Nosso céu tem mais estrelas,
Nossas várzeas têm mais flores,
Nossos bosques têm mais vida,
Nossa vida mais amores.

Em cismar, sozinho, à noite,
Mais prazer eu encontro lá;

Minha terra tem palmeiras,
Onde canta o Sabiá.

Minha terra tem primores
Que tais não encontro eu cá;
Em cismar — sozinho, à noite —
Mais prazer encontro eu lá;
Minha terra tem palmeiras,
Onde canta o Sabiá.

Não permita Deus que eu morra,
Sem que eu volte para lá;
Sem que desfrute os primores
Que não encontro por cá;
Sem qu'inda aviste as palmeiras,
Onde canta o Sabiá.

Ao vermos o trabalho feito com palavras neste poema romântico, lembramo-nos, assim como no Tropicalismo e no Sl 136, que ele surgiu em uma situação existencial que, em alemão e no mundo, se diz *Sitz im Leben*. O poeta estava também exilado, longe de sua pátria, e lembra as maravilhas que deixou por cá, rogando a Deus que possa retornar às suas origens antes de morrer. Os advérbios de lugar *lá* e *cá* são apresentados com antagonismo entre o Brasil e a terra do exílio. Encontramos de maneira abundante a presença das rimas, mas de maneira mais desordenada que n'*Os Lusíadas*, com exceção das interpoladas presentes nas duas primeiras estrofes: sabiá/como lá; flores/amores. Esses mesmos sons aparecem no final de outros versos, mas rimados de maneira distante. Isso tudo são artifícios que o autor tenta fazer com a palavra para atingir o seu objetivo, que é passar o seu *eu* interior (seu lirismo) e se fazer entendido. Vemos também, no poema, a presença marcante da intertextualidade, pois o Hino Nacional Brasileiro, em sua segunda parte, plageia praticamente a segunda estrofe: "Nosso céu tem mais estre-las,/nossas várzeas têm mais flores,/nossos bosques têm mais vida,/nossas vidas mais amores".

Concluindo o presente capítulo, diremos ainda que A PALAVRA DE DEUS é também sedutora. Encontramos nas Sagradas Escrituras uma variedade de textos poéticos, históricos, sapienciais, proféticos e evangélicos, muitos de-les em linguagem conotativa, que nos seduzem e nos levam à transformação do coração. É um tipo de palavra que não só seduz para o belo, mas que tem um poder ainda maior: o de modificar os seres humanos, de transformá-los para melhor. Que alimento melhor do que ler, meditar, ouvir com o coração, contemplar e pôr em prática a Palavra de Deus? O texto bíblico mais forte com relação a tal realidade é o do profeta Jeremias, 20,7: "Tu me seduziste, Senhor, e eu me deixei seduzir. Foste mais forte do que eu e venceste". As comunidades cristãs gostam de refletir a Palavra de Deus. Há um canto que reflete a caminhada profética: "Ai de mim se eu não disser a verdade que ouvi. Ai de mim se me calar quando Deus me mandar falar". Faz referência à experiência de Jeremias e de outros profetas. Diante da Palavra sedutora de Deus que chama, tentam fugir, adiar, descarregar em outra pessoa. Mas no fim tiveram que dizer: "Estou aqui, envia-me!".

O profeta Jeremias é chamado por Deus sendo jovem. Aliás, ele se acha muito jovem, um garoto, para assumir tamanha responsabilidade. Diz que não sabe falar. Inventa coisas. Jeremias conta como foi essa luta interior e confessa:

> Não teve jeito! Tentei e tentei resistir, mas tudo foi inútil. Quis esquecer tudo. Disse para mim: "Não quero mais lembrar de Deus. Não vou falar em nome dele". Mas que nada! Era como um fogo devorador, preso dentro dos meus ossos. Não tentava segurá-lo, cansei e já não consigo mais! Por fim caí rendido e conclui: "Foste mais forte, Senhor! Seduziste-me, Senhor, e eu me deixei seduzir! Derrubaste-me, e venceste!" (Jr 20,7ss).

Jeremias experimenta a PALAVRA DE DEUS como um martelo que tritura a pedra (Jr 23,29). E uma certeza para Jeremias: "Eu estou com você!". Essa experiência se torna fonte inesgotável de coragem, de alegria, de esperança (Jr 20,11-13). É um poço de liberdade e firmeza para cumprir a missão até o fim (Jr 1,8.18-19; 15,20).

Lendo o desabafo de Jeremias, percebemos que se deixar seduzir pelo Senhor não é uma questão de honra e privilégio. É missão que somos convidados a assumir. Missão difícil e árdua, mas o próprio Senhor nos seduziu com as seguintes palavras presentes no evangelho de João: "Não foste vós que me escolhestes, mas fui eu que vos escolhi para irdes e produzirdes frutos" (Jo 15,16). Por isso mesmo é que essa escolha divina ninguém nunca poderá tirar.

No último capítulo veremos como a palavra dada a alguém pode comprometer-nos para sempre, seja ela oral, seja escrita. Através de uma palavra podemos delinear toda uma existência.

A palavra que compromete eternamente

Durante muito tempo se ouviu, e ainda se ouve, o adágio "eu dou a minha palavra". Isso soa como uma jura, um voto de confiança. Quando não havia o sistema de notação da língua, a escrita, as negociações eram feitas na oralidade, mediante testemunhas escolhidas, mas sempre com a presença da palavra, pois esta é o elemento fundamental do contrato e, às vezes, marca para sempre. Com o aparecimento da escrita e a falta de honestidade das pessoas, fez-se necessário se lavrar um documento escrito para que assinasse o contraente, como também as testemunhas. E é o que acontece ainda hoje, seja em contratos de aluguel, seja em notas fiscais de compras, seja nos recibos. A palavra escrita e não mais somente dita é que tem valor, seja para sempre, seja por tempo determinado no próprio documento.

Temos vários exemplos de palavras que comprometem eternamente. Um deles, já muito desgastado em nossos dias, mas bastante atual para a teologia católica, é aquele em forma de SIM (com simplesmente três letras e um fonema), que une a vida de um homem e de uma mulher através do matrimônio. Infelizmente, o secularismo e a evolução da lei humana tornou essa união dissolúvel e não mais eterna, se bem que para aqueles que têm fé é uma palavra gravada na eternidade até que a morte separe.

Um outro exemplo seria aquela palavra de anuência e irrevogável que o sacerdote ou os religiosos dão no momento de sua ordenação sacerdotal ou na emissão dos votos, respectivamente, esses votos sendo pronunciados publicamente, de maneira audível, em plena consciência, que, assinados em documentação escrita, se tornam perpétuos, para sempre. O mesmo acontece com os sacerdotes: "Tu és sacerdote eternamente segundo a ordem de Melquisedec" (Sl 109,4b).

A palavra de confiança que se dá a um amigo, a alguém que se ama e considera, também deveria ter valor de eternidade, pois se liga aos sentimentos que só tendem a crescer. É assim quando declaramos amor, através de palavras bonitas, fortes e que comprometem, a nossos pais, avós, irmãos, amigos, companheiros e companheiras...

Como vemos, somos uma sociedade organizada em torno da palavra. Como já foi dito no início do livro, ela faz parte de nossa constituição humana, pois somente os seres humanos, dotados de inteligência, razão, espírito, emoções, a possuem. Por isso uma reflexão sobre a palavra só tem sentido no contexto da pragmática social que busca os princípios de igualdade. A palavra é um instrumento da igualização das relações sociais: praticá-la é produzir concretamente um vínculo social igualitário. Esse novo uso da palavra pacifica e desenvolve nas pessoas motivos para criar palavras boas, a fim de que sejam eliminadas do mundo aquelas palavras más, pejorativas, feias e que fazem os outros sofrer. Como vemos, o poder da palavra é imenso, mas deverá ser sempre usado para o bem. É com tristeza, e às vezes até sem muitas esperanças de mudança, que nos deparamos com palavras más, mentirosas, que induzem a falsos testemunhos, o que nos mostra que a sociedade ainda deverá evoluir muito no que concerne ao bom uso da palavra para o seu próprio bem.

A palavra implica, naturalmente, a escuta. Estamos, aqui, diante de uma necessidade crucial, a ponto de a escuta fazer parte, para algumas pessoas, da própria definição de palavra. A escuta, portanto, é um elemento determinante tanto na arte de convencer como naquela, mais cristã, de escutar o outro por amor, para tentar ajudá-lo. Daí aqueles que falam e os que escutam deverem ser autênticos diante de qualquer som emitido que poderá comprometer. A autenticidade de uma palavra é uma qualidade que também se refere, e especificamente, sem dúvida, ao campo da palavra expressiva. O interlocutor espera que os sentimentos, os estados experimentados que lhe são comunicados correspondam a uma realidade interior vivida por aquele que os comunica. Essa autenticidade é a principal virtude da interioridade. A palavra expressiva faz com que a autenticidade se torne uma exigência que deverá se opor à mentira ou à instrumentalização dos sentimentos alheios.

Conforme Breton (2006, p. 201):

> O engajamento, ao mesmo tempo com a palavra e por meio da palavra, é uma realidade forte e antiga. A palavra engaja aquele que a pronuncia e espera-se daquele que dá a sua palavra que a respeite. O respeito pela palavra, diz Gusdorf, "é, pois, respeito por outrem e conjunto de si, pois demonstra a importância que dou a mim mesmo".[1] A história do sermão e de sua ritualização mostra a grande importância que as sociedades humanas sempre deram ao engajamento da palavra.

A palavra honesta torna-se, por assim dizer, uma norma social de valor. Quando se sabe que alguém é honesto, crê-se na sua palavra, mesmo verbal, e isso torna-se um conforto para aqueles que convivem com os outros, pois a palavra sempre compromete, seja para o bem, seja para o mal. Quiçá que nesta alvorada do terceiro milênio ela seja sempre pronunciada com honestidade, para o nosso próprio bem e o dos outros.

---

[1] GUSDORF, Georges. *La parole*. Paris, PUF, 1952. p. 118.

Considerações finais

Vejo agora realizado, de maneira concreta, um sonho e um desejo que sempre acalentei desde a juventude: escrever algo que pudesse dizer da FORÇA DA PALAVRA, do seu poder de persuasão, do seu poder de dar alegria, mas também tristeza, do seu poder de consolar, do seu poder de ensinar... Repito o vocábulo *poder* de propósito, como que para gravarmos na nossa mente e coração tudo aquilo que a palavra escrita ou oral pode realizar nas relações sociais humanas.

Quarta-Feira de Cinzas do ano de 2007: a oração apresentada pela Igreja Católica para meditação do dia é densa e cheia de palavras fortes que alertam e consolam: "Concedei-nos, ó Deus todo-poderoso, iniciar com este dia de jejum o tempo da Quaresma, para que a penitência nos fortaleça no combate contra o espírito do mal". É claro que essas palavras, para nós que somos católicos, soam como um bálsamo, um convite para a renovação interior e a conversão do coração; creio que o mesmo também aconteça com aqueles que crêem no poder salvífico de Jesus Cristo. Mas mesmo para os agnósticos e céticos elas possuem um peso, pois levam à reflexão ou às críticas, seja lá de que gênero for. Já na introdução deste livro tocamos no tema da Campanha da Fraternidade de 2007, meditando sobre os povos da região amazônica, seus falares e dialetos, sua cultura e riquezas naturais; evocamos, então, a riqueza da língua pela semelhança das palavras que, com pequenas trocas fonéticas, ganham novos significados, como no caso de *Amazonas*, *Amazônica* e *Amazona*, citados no início, e de outros vários exemplos como: coser e cozer, discriminar e descriminar etc.

Em uma sociedade de qualidade, na qual vale a pena conviver, a palavra é utilizada sempre de maneira altruísta; sociedade que deverá contagiar as crianças a também fazer um bom uso das palavras. Por isso, agora, não se pode esquecer da educação, pois é na escola que aprendemos a modalidade escrita da língua e a burilar a nossa oralidade, que deverá ser usada nos contextos e tempos corretos. Tanto os professores, mas sobretudo os pais, devem levar suas crianças, com sabedoria, a fazer bom uso das palavras, pois atrás delas expressamos os nossos sentimentos e elas são os nomes significativos para as nossas relações conosco mesmos e com os outros. Não podemos perpetuar o erro de pensar que as crianças poderão aprender por si sós. Os bons resultados sempre provêm de casa e da sala de aulas. Caballero Bonald disse: "Somos o tempo que nos resta". Nós temos o dever de transformar esse tempo em momentos de alegria, em atitudes de escuta das palavras boas, promovendo-as também para os outros. Eis o primeiro objetivo deste livro.

Mas um outro objetivo também de muita importância foi apresentar a palavra dentro do processo comunicativo, tanto aquelas que ficam em nossa consciência, em diálogo interior, quando nos comunicamos através das linguagens não-verbais (signos não-lingüísticos), mas, acima de tudo, aquelas que pronunciamos ou escrevemos, que são para serem ouvidas ou lidas (signos lingüísticos). Para tanto procuramos trabalhar, separadamente, a oralidade e a escrita, para, em seguida, tentar uma ponte de contato entre as duas como em um *continuum* de tipos.

Foram, ainda, motivo de particular atenção nesta obra os novos gêneros emergentes do mundo da Internet, que, por assim dizer, também utilizam, abundantemente, a palavra, em propriedades diferenciadas, conforme o próprio portador de texto ou *software*.

Procuramos demonstrar algumas práticas sociais em eventos de comunicação, não esquecendo da perspectiva do letramento social, privilegiando os contextos de cada usuário, desde que, mesmo sem saber o sistema notacional da língua, possam utilizá-la, compreendendo e ditando textos, emitindo opiniões sobre o que ouviram, portanto interagindo como o *verbum*.

Finalmente, chegamos ao poder da palavra conotativa, que nos seduz e emociona a cada instante em que nos deparamos com ela. É nesse sentido que a palavra também chega ao mais íntimo de nossas emoções e, através das metáforas, que são plurissignificativas, chegam aos leitores e ouvintes de maneira diferenciada, mas sempre lembrando um fato bom ou ruim, ou mesmo um novo sentimento que está aflorando. Não foi esquecido, também, que a palavra tem poder de eternidade e que poderá comprometer para sempre, conforme a honestidade e o credo de cada um.

A palavra possui força criadora. Na epígrafe deste texto, evocamos o livro do Gênese: "No princípio Deus criou todo o universo e o homem dotado de palavra... E DISSE FAÇA-SE" (cf. Gn 1). Se conhecêssemos o poder de nossas palavras, teríamos um grande cuidado nas nossas escritas e conversas. Basta atentar para a reação das palavras para verificar que elas não voltam vazias. Por meio das palavras que pronunciamos ou escrevemos estamos estabelecendo continuamente leis para nós mesmos. As forças invisíveis agem sempre a favor daquele que está contínua e corajosamente avançando para a frente, embora não o saiba. Em virtude das forças vibratórias das palavras, quando o indivíduo escreve ou fala alguma coisa, começa a atraí-la para si.

Cada palavra que expressamos exerce uma ação na nossa vida pessoal, a qual será a nosso favor ou contra nós conforme a idéia expressa pela palavra. Com efeito, cada palavra que emitimos, da forma que for, é uma expressão, a qual produz uma tendência particular em determinada parte de nosso ser. Essa tendência poderá manifestar-se em nossa mente, no nosso corpo, no plano dos desejos, no caráter, em qualquer de nossas faculdades, vindo, em seguida, a produzir seus efeitos materiais.

As palavras são poderosas. Como os produtos químicos, elas mudam a química interna do corpo. As pessoas felizes usam palavras que produzem felicidade. Quando elas já estão alegres, este se torna o seu padrão automático. E quando não estão no melhor dos estados, o fato de usarem tais palavras melhora o seu humor. Portanto, prestemos particular atenção às palavras que produzem em nós felicidade, e àquelas que a diminuem.

Cada um de nós tem palavras favoritas. Continuemos aumentando essa lista, ouvindo outras pessoas alegres. Quando escutamos algo que gostamos, devemos, logo, acrescentar em nosso vocabulário cotidiano. Que TODOS NÓS POSSAMOS TER PALAVRAS CERTAS PARA EXPRIMIR OS NOSSOS SENTIMENTOS POSITIVOS!

Como se vê, devemos cuidar muito bem de nossas palavras, pois quando soltamos o verbo, não tem volta, elas ficam registradas no cérebro de quem as recebe, e se alguém registrá-las no coração, pode ser que ganhemos um amigo ou, também, um inimigo; pode ser que você acabe uma amizade, ou alcance outra; pode ser que você termine o romance da sua vida, mas, por outro lado, pode começar uma história da amor. Por isso, naqueles momentos em que não estamos bem, em que temos problemas, é melhor silenciar, não dizer nada, pois o silêncio pode responder a muitas perguntas. Infelizmente, tem gente que anda tão de mal com a vida que, ao pronunciar umas cem palavras, noventa são de reclamações e as outras dez, às vezes, são palavrões, murmurações ou fofocas da vida dos outros.

Falamos o que sentimos na alma e, por mais que tentemos disfarçar, ninguém consegue representar o dia inteiro, ou seja, ser o que não é. Por isso existe muita gente na solidão, sem amor, abandonada em asilos, trancafiada em apartamentos, andando sem rumo pelas ruas. E tem muita gente que só fala, escreve ou deseja coisas ruins, porque não dá e nem recebe amor, e o AMOR tem esse poder de alegrar a vida, as palavras, os gestos, as atitudes. Deus nos criou para o amor, porque ele próprio é amor.

Para concluir, invocamos também a epígrafe inicial: "A Palavra se fez carne e habitou entre nós e nós vimos a sua glória que existia antes da criação do mundo" (cf. Jo 1,18).

A Palavra de Deus, realmente, assumiu carne em Jesus Cristo e nós não podemos sobreviver sem esta Palavra encarnada e nem se pode viver sem as palavras pronunciadas, escritas ou não-ditas, pois aquilo que se traduz em palavras vem, na realidade, se manifestar em posturas concretas de vida.

CONSCIENTIZEMO-NOS DE QUE AS PALAVRAS TÊM PODER CRIADOR E AS UTILIZEMOS SABIAMENTE.

Bibliografia

BELINTANE, Claudemir. *Linguagem oral nas escolas em tempos de redes.* Disponível em: <http://www.scielo.br/scielo.php?pid=S1517-9702 2000000100004&script=scl_arttex>. Acesso em: 14.2.2007.

BOTAFOGO, Judite. *Sinfonia das águas:* um mergulho no mundo da música e da poesia. Recife: Nova Presença, 2004.

_____. *Tropicalismo:* ideologia ou utopia? Recife: Nova Presença, 2003.

BOTELHO, José M. *Entre a oralidade e a escrita um contínuo tipológico.* Disponível em: <http:// www. filologia.org.br/viiicnlf/anais/ caderno07.05 html>. Acesso em: 14.2.2007.

BRETON, Philippe. *Elogio da palavra.* São Paulo, Loyola, 2006.

FERRARA, Lucrecia d'Alésio. *Leitura sem palavras.* 4. ed. São Paulo, Ática, 1997.

FREIRE, Paulo. *A importância do ato de ler.* São Paulo, Cortez, 1994.

FREITAG, Barbara. *O indivíduo em formação.* São Paulo, Cortez, 1994. Coleção Questões da nossa época, v. 30.

GALVÃO, Ana M. *Oralidade, memória e a mediação do outro:* práticas de letramento entre sujeitos com baixos níveis de escolarização. O caso do cordel (1930-1950). Disponível em: <http://www.cedes.unicamp. br/revista/rev/sumários/sum18.htm>. Acesso em: 14.2.2007.

GNERRE, Maurizio. *Linguagem, escrita e poder.* São Paulo, Martins Fontes, 1998.

KATO, Mary A. *No mundo da escrita:* uma perspectiva psicolingüística. 7. ed. São Paulo, Ática, 2001.

LÉVY, Pierre. *As tecnologias da inteligência:* o futuro do pensamento na era da informática. Trad. de Carlos Irineu Costa. 34. ed. Rio de Janeiro, Col. TRANS, 1993.

LIRA, Bruno C. *Alfabetizar letrando:* uma experiência na Pastoral da Criança. São Paulo, Paulinas, 2006.

MARCUSCHI, L. A. *Da fala para a escrita:* atividades de retextualização. São Paulo, Cortez, 2001.

_____ e XAVIER, A. C. (org.). *Hipertexto e gêneros textuais:* novas formas de construção de sentidos. 2. ed. Rio de Janeiro, Lucerna, 2005.

MORIN, Edgar. *Ciência com consciência.* 5. ed. Rio de Janeiro, Bertrand Brasil, 2001.

OLSON, David R. *O mundo no papel:* as implicações conceituais e cognitivas da leitura e da escrita. São Paulo, Ática, 1997.

SEVERINO, A. J. *Metodologia do trabalho científico.* 22. ed. São Paulo, Cortez, 2002.

YUNES, Eliana (org.). *Pensar a leitura:* complexidade. São Paulo, Loyola-Ed. PUC-Rio, 2002.